KB233341

러시아어 표현

BEST 300

네이티브가 가장 많이 쓰는

러시아어 표현 BEST 300

초판 1쇄 2017년 3월 10일
초판 2쇄 2019년 1월 3일

저 자	장영실 저 / Zagnibida Victoria 감수
발 행 인	윤우상
총 괄	윤병호
책임편집	최다연
북디자인	Design Didot 디자인디도
발 행 처	송산출판사
주 소	서울특별시 서대문구 통일로32길 14 (홍제 2동)
전 화	(02) 735-6189
팩 스	(02) 737-2260
홈페이지	http://www.songsanpub.co.kr
E-mail	songsan1@korea.com
등록일자	1976년 2월 2일. 제 9-40호

ISBN   978-89-7780-241-4   13790

러시아어 표현

장영실 저 Zagnibida Victoria 감수

송산출판사

머리말

　본 교재는 처음배우는 학습자가 아닌 초보자와 중급자들이 사용할 수 있는 교재입니다. 일상 생활에 자주 사용되고 쉽게 접할 수 있는 표현을 중심으로 빠른 시간 안에 학습자의 '귀가 트일 수 있도록' 교재를 구성해 보았습니다.

　학자들의 러시아어는 학습자로서는 따라가기 힘든 점이 많기 때문에, 학문적인 내용이 아닌 순수하게 러시아인들이 흔히 말하는 표현을 재미있게 서술해보았습니다.

　요즘은 예전과 달리, 시험도 쓰기나 읽기보다는 말하기 시험을 치루는 추세입니다. 특히나 러시아어의 경우는 다른 언어에 비해 너무나도 어려운 문법체계를 갖고 있어 접근하기 아주 어려운 언어라 생각하고 학습자들의 대부분이 생소하다고 표현하고 있습니다. 그래서 러시아어를 조금이나마 재미있게 접근할 수 있음을 이 교재를 통하여 느끼실 수 있을 것입니다.

　학습자들이 이 교재를 통해 러시아어는 어렵지만 해볼만하다는 것과 나도 '러시아인들과 대화할 수 있다'라는 자신감을 주고 싶습니다. 러시아어를 배우는 학습자분들이 러시아어를 조금 더 친숙하게 생각하고 즐겁게 누릴 수 있기를 바랍니다.

　마지막으로 이런 좋은 기회를 준 송산 출판사와 매번 마음 써주신 최다연 대리님께 감사함을 전하고 싶습니다. 그리고 항상 응원해주는 남편과 러시아어를 이렇게까지 놓치지 않고 할 수 있게 해주신 하늘에 계신 아버지께 고마움을 전하고 싶습니다.

장영실

차례

001위	핸드폰에 배터리가 나갔어.
002위	기분 짱이야!
003위	이메일 주소를 문자로 보내줘!
004위	핸드폰 진동으로 바꾸세요.
005위	내 꿈 꿔.
006위	너 제정신이니?
007위	눈코 뜰 새 없이 바빴어.
008위	아주 가까워!
009위	고마워할 것까지는 없어.
010위	문자 메세지로 알려줄게.
011위	와우, 몸매 죽이는데!
012위	건강하세요!
013위	여기 무선 인터넷을 쓸 수 있는 곳이 있나요?
014위	시험 잘 봐!
015위	정말 오랜만이다.
016위	너무 맛있어!
017위	너 공주병이구나.
018위	네 핸드폰 전화울려. = 너 전화온다.
019위	너 몸매 잘 빠졌다.
020위	말 실수였어.

001위 Батаре́йка се́ла.

002위 Я на седьмо́м не́бе от сча́стья.

003위 Пришли́ смс-ку с а́дресом свое́й электро́нной по́чты!

004위 Поста́вьте телефо́н на бесшу́мный режи́м!

005위 Сла́дких снов!

006위 Ты что? С ума́ сошёл!

007위 Пришло́сь труди́ться не поклада́я рук.

008위 Ру́кой пода́ть!

009위 Не сто́ит благода́рности.

010위 Отпра́вить смс-ку!

011위 Ого́, фигу́ра зашиби́сь!

012위 Бу́дьте здоро́вы!

013위 Здесь есть до́ступ к беспроводно́му интерне́ту?

014위 Ни пу́ха ни пера́! К чёрту!

015위 Ско́лько лет ско́лько зим!

016위 Па́льчики обли́жешь!

017위 Ну ты и самовлюблённая!

018위 У вас звони́т телефо́н!

019위 Фигу́ра у тебя́ обалде́нная!

020위 Непра́вильно вы́разился!

Батаре́йка се́ла.

M: Почему́ у тебя́ был вы́ключен телефо́н, когда́ я звони́л у́тром? Что случи́лось?

F: Батаре́йка се́ла. Забы́ла заряди́ть вчера́.

*батаре́йка 배터리　*сесть 앉다　*забы́ть 잊다　*заряди́ть 충전하다

핸드폰에 배터리가 나갔어.

M: 오전에 전화를 했는데 꺼져 있더라, 어떻게 된거야?

F: 내 핸드폰 배터리가 나갔어. 어제 핸드폰 충전을 깜박했어.

[해설]

배터리가 나갔다는 말을 러시아어에서는 '앉았다'라는 표현으로 쓰고 있다. 또 다른 표현으로는 '버스를 타고 갔다'라고 할 때도 '앉았다'라고 할 수 있다.

[дополни́тельные выраже́ния]

*버스에 타다 сесть　на　автобус
*말에 타다 сесть　на　лошадь
*실패하다 сесть　в　лужу

Я на седьмо́м не́бе от сча́стья.

M: Сего́дня я на седьмо́м не́бе от сча́стья. Зна́ешь, почему́?
F: Не зна́ю. Лотере́ю, что ли, вы́играл?

＊лотере́я 복권　＊на седьмо́м не́бе от сча́стья 기뻐서 어찌할 바를 모르다
＊вы́играть 당첨되다, 이기다

기분 짱이야!

M: 나 오늘 기분이 짱이야. 왠지 알아?
F: 몰라, 복권당첨 된거야??

[해설]

일반적으로 '나 기분이 좋아'라고 할 때 러시아어에서는 'У меня настрое́ние су́пер!'라고 표현한다. 한국어 표현에도 기분이 절정에 달했을 때 '붕 떠있는 기분' 혹은 '날아간다'라고 하는 것처럼 러시아어 표현에도 '7번째 행성 위에 있는 것처럼'이란 표현이 있다. 기뻐서 어찌할 바를 모를 때 즉, 기분이 짱!이라는 표현을 러시아어에서는 관용표현으로 사용하고 있다.

Пришли́ смс-ку с а́дресом свое́й электро́нной по́чты!

F: Ты же получи́л материа́лы от учи́теля? Мо́жешь мне отосла́ть?

M: Да, пришли́ смс-ку с а́дресом свое́й электро́нной по́чты, и я тебе́ их отошлю́.

＊получи́ть 받다 ＊материа́л 자료 ＊отосла́ть 보내다
＊электро́нная по́чта 전자우편(이메일)

이메일 주소를 문자로 보내줘!

F: 선생님께서 보내주신 자료를 다 받았지? 그럼 그 자료들 좀 보내줄래?

M: 그래, 이따가 이메일 주소를 문자로 보내줘, 내가 보내줄게.

[해설]

러시아어는 똑같은 '보내다'라는 한 단어를 봐도 여러 가지로 파생되는 경우가 많다. 지금 같은 경우인데 일반적으로 '보내다'라는 뜻으로 쓰는 것은 'посла́ть'라는 동사를 쓰고 상대방이 보내는 경우 'присла́ть'와 내가 보내는 경우 'отосла́ть'로 '보내다'라는 단어에 접두사 'при' 와 'от'를 이용해 쓰고 있다.

[дополни́тельные выраже́ния]

접두사 'при'와 'от'를 이용한 몇 가지 표현을 알아보자.
＊우리집에 놀러와! Приходи́ ко мне в го́сти!
＊나한테서 물러나! Отойди́ от меня́!

핸드폰 소리를 진동으로 바꿔야 할 때

Поста́вьте телефо́н на бесшу́мный режи́м!

F: Пе́ред тем, как нача́ть заседа́ние, убеди́тесь, что вы
поста́вили телефо́н на бесшу́мный режи́м.
M: Да, уже́ поста́вил.

*пе́ред ~앞에 (조격) *убеди́ть 확인하다 *бесшу́мный режи́м 무음

핸드폰 진동으로 바꾸세요.

F: 회의에 들어가기 전에 핸드폰을 진동으로 바꾸셨는지 확인해 주세요.
M: 네, 전 벌써 바꿨습니다.

[해설]
러시아어에서 진동으로 '바꾸다'라는 말을 쓰지 않고 '놓다'라는 동사를 쓰고 있다. 이 동사는 일반적으로 러시아어에서 흔히 보이는 동사 중 하나이며 많은 뜻을 가지고 있다.

[дополни́тельные выраже́ния]
*주차하다 (по)ставить автомобиль на стоянку
*채점하다 (по)ставить балл
*문제를 제기하다 (по)ставить вопрос
*시계를 맞추다 (по)ставить часы по радио
*연극을 상연하다 (по)ставить спектакль

005위 연인 혹은 친구 간에 잠자리 들기 전 통화 마지막 말

Сла́дких снов!

M: Уже́ по́здно, мне пора́ спать. Споко́йной но́чи!
F: Я то́же пойду́ спать. Сла́дких снов. Споко́йной но́чи!

*пора́ ~ 할 시간이다 *споко́йный 평안한 *спать 자다 *сла́дкий 달콤한
*сон 꿈

내꿈 꿔.

M: 늦었다. 이제 난 자야겠어. 잘 자.
F: 나도 잘래. 그럼 내 꿈 꿔. 잘 자.

[해설]

러시아어에서 '내꿈 꿔'라는 표현은 '달콤한 꿈꿔'라고 표현할 수 있다. 일반적으로 러시아어에서는 생격형으로 자주 사용한다.

[дополни́тельные выраже́ния]

*좋은 하루 되세요! Счастливого дня!
*좋은 여행 길 되십시오! Счастливого пути!

Ты что? С умá сошёл!

M: Я реши́л бро́сить шко́лу.

F: Ты что? С умá сошёл! У тебя́ же че́рез полго́да выпускно́й!

*бро́сить 떠나다, 관두다 *сойти́ 탈선하다 *ум 지혜, 두뇌 *выпускно́й 졸업생

너 제정신이니?

M: 난 학교를 그만두기로 했어.

F: 너 제정신이야? 6개월만 더하면 졸업할 텐데.

[해설]

"제정신이니?"라는 말을 미쳤다라는 표현으로 하고있다. 이 '미쳤다'라는 표현을 직역하자면 '정신 나갔다'라는 뜻으로 한국어 표현과 비슷하다. 비슷한 표현으로 'Ты просто сумашедший.'라고 할 수도 있는데 이것은 상황에 따라 좋은 뜻과 나쁜 의도로도 표현 할 수 있다.

[дополни́тельные выраже́ния]

*미칠 것 같다 С ума сойду!

007위 매우 바빴음을 표현하는 말

Пришло́сь труди́ться не поклад́я рук.

F: Ты был за́нят? Мно́го рабо́ты? Совсе́м тебя́ что́-то неви́дно.

M: В после́днее вре́мя рабо́ты бы́ло нава́лом, пришло́сь труди́ться не поклад́я рук.

＊в после́днее вре́мя 최근　＊нава́лом 아주 많이　＊труди́ться 일하다
＊не поклад́я рук 손을 쉬지 않고

눈코 뜰 새 없이 바빴어.

F: 요즘 너무 바빴어? 요즘 일이 많았어? 코빼기도 안 보이더라.
M: 그 동안 회사 일이 너무 많아서 눈코 뜰 새 없이 바빴어.

[해설]

러시아어에서 너무 바쁘다고 할 때는 'не покладая рук'라는 표현을 쓰는데 이 말을 직역하자면 '팔을 펼칠 새도 없이 바빴다'는 표현으로 사용하고 있다. 위에 있는 표현에서 'трудиться'라는 동사 대신 'работать' 동사로 사용해도 된다.

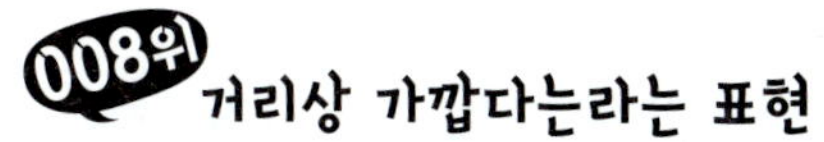

Рýкой подáть!

M: Мáша! Скажú мне далекó éхать в Большóй теáтр?
F: Ну что ты! Да тут рýкой подáть.

*подáть 내려놓다

아주 가까워!

M: 마샤! 볼쇼이 극장가는데 멀어?
F: 무슨 소리! 아주 가까워!

[해설]

'아주 가깝다'는 표현을 일반적으로는 'Очень близко!' 혹은 'рядом, в двух шагах'라고 말한다. 관용표현으로는 'Рукой подать.'라는 표현하는데 팔을 내려놓을 만큼의 거리라고 해석할 수 있다. 한국말로는 '엎어지면 코 닿을 곳'이라고 하지요?

Не сто́ит благода́рности.

M: Спаси́бо за по́мощь. Это всё благодаря́ вам!

F: Не сто́ит благода́рности. Это всё ва́ша заслу́га.

*сто́ить 가치가 나가다, 값이 나가다 *благода́рность 감사, 고마움
*заслу́га 공, 업적

고마워할 것까지는 없어.

M: 도와주셔서 정말 감사합니다. 다 선배님의 지도 덕분이에요.

F: 내게 고마워할 것까지는 없어. 네가 열심히 해서 그런 거야.

[해설]

러시아어에서 'не сто́ит'라는 표현은 '그럴 필요가 없어' 혹은 '가치가 없어'라는 뜻으로 많이 사용 되는 단어이다. 러시아어로 '얼마예요? – Ско́лько сто́ит?'라고 했을 때 많이 썼던 그 'сто́ит'이기도 하다.

[дополни́тельные выраже́ния]

*전화 할 필요 없어. 지금 그는 집에 없어. Не сто́ит звони́ть. Его́ сейча́с нет.
*천만의 말씀입니다. (감사에 대한인사) Не сто́ит.
*당신은 말해주기만 하면된다. Вам сто́ит то́лько сказа́ть.

Отпра́вить смс-ку!

M: Ира, ты зна́ешь а́дрес электро́нной по́чты учи́теля?
F: Да, тебе́ отпра́вить смс-ку?

*электро́нная по́чта 이메일 *отпра́вить 보내다

문자 메세지로 알려줄게.

M: 이라, 선생님 이메일 주소 알아?
F: 응, 내가 문자로 보내줄까?

[해설]

러시아어에서 문자메세지라는 말이 따로없다. 그냥 영어단어인 'SMS'를 발음나는 그대로 쓴
다. 핸드폰에 관련된 것을 알아보자면 '메모리 카드'는 '플레шка'라고 하고 '유심칩'이 러시
아어는 'сим карта'라고 하고 요즘 사용하고 있는 스마트폰 역시 영어단어 발음나는 그대
로인 'смартфон'이라고 사용하면 된다. 스마트폰이나 휴대폰에 메시지(문자) 보관함은
'сообщения' (메시지라는 뜻)로 표시가 된다.

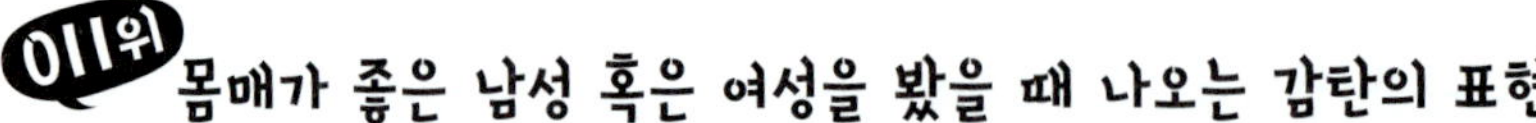
몸매가 좋은 남성 혹은 여성을 봤을 때 나오는 감탄의 표현

Огó, фигýра зашибѝсь!

M1: Огó, у э́той де́вушки фигýра зашибѝсь!
M2: Тóчно, прóсто идеáльная.

＊огó 와우! 왜! (감탄사) ＊ зашибѝсь 매우좋은 ＊идеáльный 이상적인, 완벽한

와우, 몸매 죽이는데!

M1: 와우, 저 여자 몸매 죽이는데!
M2: 그러게. 완벽하다.

[해설]

러시아어에서 'зашибись'라는 단어는 속어로 '매우 좋은'이라는 뜻으로 사용되고 있다. 즉, 죽인다, 따봉! 이런 뜻으로 사용할 수 있다.

기침하는 상대방에게 해 주는 인사말

Бу́дьте здоро́вы!

F: (апчихи́) Бу́дьте, здоро́вы!
M: Спаси́бо!

*здоро́вье 건강

건강하세요!

F: (에이취!) 건강하세요!
M: 감사합니다.

[해설]

러시아에서는 옆 사람이 재채기를 할 때, 건강을 비는 뜻에서 'Бу́дьте здоро́вы.'라고 한다. 아는 사람이 아니라도, 길거리에서나 기차 안, 슈퍼마켓 안에서 옆에 서 있던 사람이 기침을 한 다면 러시아인들은 스스럼 없이 '건강하세요!'라고 빌어 주기도 한다. 혹시 재채기한 사람이 또 재채기를 한다면 'Ещё раз будьте здоровы.'이라고 말하면 된다.

013위 여행 등을 가서 무선인터넷 사용할 곳을 찾을 때

Здесь есть до́ступ к беспроводно́му интерне́ту?

M: Скажи́те пожа́луйста, в э́том кафе́ есть до́ступ к беспроводно́му интерне́ту?

F: Извини́те, но мы не предоставля́ем тако́й услу́ги.

*до́ступ 접근, 접속 *беспроводно́й 무선의 *предоставля́ть 제공하다
*услу́га 서비스

여기 무선 인터넷을 쓸 수 있는 곳이 있나요?

M: 실례하지만, 이 커피숍에서 무선 인터넷을 쓸 수 있나요?

F: 죄송하지만, 무선 인터넷서비스는 제공되지 않습니다.

[해설]

일반적으로 무선 인터넷이라는 단어가 러시아에서 너무 길어서 흔히 우리가 알고 있는 Wi-Fi 를 흔히 사용한다. 무선인터넷을 쓸 수 있나요? 하고 할 때 'У вас есть Вайфай?'라고 해도 되니 사용 해 보도록 하자. 러시아어에서 'до́ступ접근, 접속'이라는 단어 뒤에 к라 는 전치사가 붙으면 ~에 대한 접근이란 뜻이라는 것을 알아두자. 두번째는 무선이라는 단어 'беспроводно́й'에서 앞에 접두사 'бес'가 '~없이'라는 뜻을 가진다. 만약 'бес'를 떼고 사 용한다면 유선이라는 뜻이라는 것을 알아두자.

[дополни́тельные выраже́ния]
*무료티켓 беспла́тный билет
*유료티켓 пла́тный билет

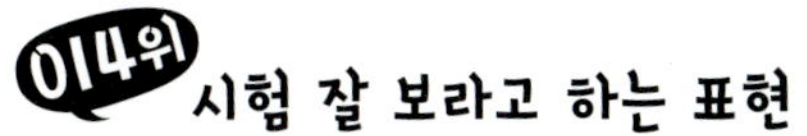

Ни пу́ха ни пера́! К чёрту!

M: За́втра у меня́ экза́мен по ру́сскому языку́.
Я так волну́юсь.

F: Ни пу́ха ни пера́!

M: К чёрту!

＊волнова́ться 흥분하다, 떨리다

시험 잘 봐!

M: 나 내일 러시아어 시험이야. 너무 떨린다.

F: 시험 잘 봐!

M: 고마워.

[해설]

이 표현은 옛날 사냥꾼이 사냥을 가기 전 대화 속 내용에서 나쁜 영혼이 들어오지 못하게 혹은 성공과 행운을 가져오라는 뜻으로 이 표현을 사용했다. 현재 솜과 깃털이라는 뜻으로 사용하시만 사냥꾼들 사이에서 짐승과 새를 의미한다. 그것에 해당하는 대답도 '(Пошёл) К чёрту!' '악마한테 나가!'라고 해야만 했다. 그래서 지금은 러시아에서는 시험이나 면접을 보기 전 성공을 하라고 기원해주는 표현으로 사용되고 있다.

Ско́лько лет ско́лько зим!

M: Ната́ша! Ско́лько лет ско́лько зим! Как ты пожива́ешь?
F: Хорошо́. Путеше́ствовала 2 ме́сяца. А ты?

＊ско́лько 얼마나　＊год (лет) 해　＊зима́ 겨울

정말 오랜만이다.

M: 나따샤! 정말 오랜만이다! 잘 지내고 있는거야?
F: 잘 지내지. 2개월동안 여행을 다녀왔거든. 넌 어떻게 지내?

[해설]

한국어에서도 '야! 백만년만이다!'라는 표현이 있듯이 러시아어에서 오랜만에 만났을 때 일반적으로하는 표현은 'Давно тебя не видел', 'Сто лет тебя не видел', 'Сто лет сто зим.'이라는 것이 있다. 관용표현으로 '몇 해의 해가 지나고 몇 해의 겨울이 지났다'는 뜻으로 오랫동안 못 봤을 때 러시아인들이 많이 쓰는 표현 중 하나이다.

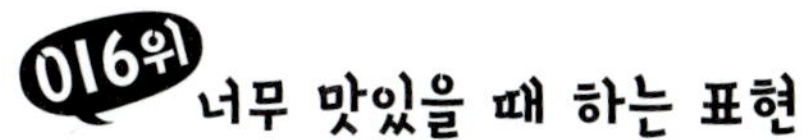

Па́льчики обли́жешь!

F: Попро́буй, я сего́дня для тебя́ пригото́вила торт!
M: Па́льчики обли́жешь! Ты то́чно са́ма гото́вила?
Не могу́ пове́рить.

＊облиза́ть 핥다, 핥아서 깨끗이 하다 ＊па́льчик 손가락

너무 맛있어!

F: 맛 좀봐, 내가 오늘 너를 위해 케이크를 만들었어.
M: 너무 맛있어! 네가 한거 맞아? 난 못 믿겠다.

[해설]

러시아에서 '맛있다'는 표현은 'вкусно', 'безумно вкусно'이다. 하지만 맛있다 못해 너무 맛있을 때 사용하는 관용표현으로 이 표현을 사용하고 있는데 이 문장을 직역을 하자면 '손가락을 깨끗이 핥을 정도로'라는 의미로 사용된다. 이 표현 또한 러시아인들이 많이 쓰는 표현 중 하나이니 익혀보도록 하자. 참고로 2000년대 들어와서 KFC는 Finger licking good! 이라는 슬로건을 내세웠는데 이와 동일한 표현이라고 생각을 하시면 된다.

[дополни́тельные выраже́ния]
＊우표를 핥아서 붙이다 облизать почтовую марку
＊입맛을 다시다 облизывать губы

 젊은 여성이 마치 자기가 공주처럼 예쁘다고 착각할 때

Ну ты и самовлюблённая!

F: А я сего́дня ничего́, да? Со мной сего́дня уже́ тро́е пыта́лись познако́миться.

M: Ну ты и самовлюблённая!

∗пыта́ться 시도하다, 해보다

너 공주병이구나.

F: 나 오늘 예쁘지? 오늘 아침에만 벌써 세 명이 내게 말을 걸었거든.

M: 너 공주병이구나!

[해설]

공주병이라는 말을 직역하여 쓰는 나라는 얼마나 될까? 나라 별로 조금씩 틀리겠지만 러시아어에서 '자신을 사랑하는, 자기 중심적인 – самовлюблённый'이라는 단어를 사용한다. 즉, '너 공주병이구나'라는 표현을 'Ты самовлюблённая.'라고 표현할 수 있다. 혹시 남자라면 'Ты самовлюблённый.'라고 하면 된다.' 일명 스타병이라고 하는 'У тебя что, звёздная болезнь?'이란 표현도 있으니 참고하자.

У вас звони́т телефо́н!

M: Со́ня, у вас звони́т телефо́н. Я же вас проси́л его́ отключи́ть!

F: Извини́те, э́то ва́жный звоно́к…

*проси́ть 부탁하다 *отключи́ть 차단하다, 끊다

네 핸드폰 전화울려. = 너 전화온다.

M: 쏘냐씨, 전화오네요. 핸드폰 끄라고 말씀드렸건만.

F: 죄송합니다. 중요한 전화라서요.

[해설]

전화가 오는 상황에 '전화온다'라는 표현을 'У вас звони́т телефо́н.' 혹은 'У вас телефо́н.'이라고 대답해도 된다.

019위 훌륭한 몸매를 보고

Фигу́ра у тебя́ обалде́нная!

M: Очень краси́вое пла́тье. Да и фигу́ра у тебя́ обалде́нная!
F: Спаси́бо, я зна́ю, мне э́то мно́гие говоря́т.

*фигу́ра 몸매   *обалде́нный 아주 대단한, 경이로운

너 몸매 잘 빠졌다.

M: 네가 입은 드레스 정말 예쁘다. 게다가 너 몸매 잘 빠졌다.
F: 고마워, 나도 알아. 그런 얘기 자주 들어.

[해설]

러시아어에 'обалденный'라는 단어는 은어로 사용되는 단어인데 일반적으로 러시아인들이 많이 쓰는 단어이다. '너 몸매 잘 빠졌다'라는 표현을 'Фигура у тебя поразительная!', 'Просто класс!'라고 사용해도 된다. '끝내주네! – обалдеть!'라는 표현으로도 사용할 수 있다.

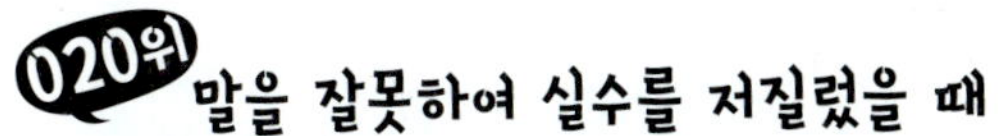

Непра́вильно вы́разился!

M: Прости́, я непра́вильно вы́разился.

F: На пе́рвый раз проща́ю. Но в сле́дующий раз я так про́сто э́того не оста́влю!

*непра́вильно 잘못, 틀리게 *вы́разиться 표현하다, 말하다 *проща́ть 용서하다
*сле́дующий раз 다음 번 *оста́вить 그만두다

말 실수였어.

M: 미안해, 말 실수였어.

F: 이번엔 참지만, 다음엔 절대 그냥 넘어가지 않을거야!

[해설]
일반적으로 이 표현은 동사 'вы́разиться- 표현하다, 자기생각을 말로써 표현하다'라는 뜻으로 쓰지만 불완료상을 사용할 때는 '저속한 말을 하다, 욕하다'라는 말로 사용하니 잘 알아두자.

[дополни́тельные выраже́ния]
*감사함을 표하다 вы́разить благода́рность
*깊은 유감을 표하다 вы́разить глубо́кое сожале́ние
*솔직히 말하다 вы́разиться про́сто

021위	원 샷!
022위	완전 바람둥이야!
023위	맛있게 드세요!
024위	간 떨어질 뻔했잖아.
025위	유행인가 봐.
026위	바가지 썼네!
027위	저 여자 똥배가 나왔어.
028위	보지 마, 창피해!
029위	아무말도 하지 마.
030위	꼬박 밤 새웠어.
031위	난 걔한테 홀딱 반했어.
032위	군침이 도는군.
033위	진짜 짜증나.
034위	미안해 할 것까지는 없어.
035위	그 얘긴 꺼내지도 마!
036위	넌 사진보다 실물이 예뻐.
037위	옷이 촌스러워.
038위	눈에 콩깍지가 씌었나봐.
039위	걔는 입만 살았어.
040위	눈이 삐었구나!

021 До дна!

022 То́лько тако́й ужа́сный ба́бник.

023 Прия́тного аппети́та!

024 Ты меня́ чуть до́ смерти не напуга́ла!

025 Така́я, ви́димо, мо́да.

026 Втри́дорога переплати́ла!

027 У неё живо́т выпира́ет.

028 Не смотри́, я стесня́юсь!

029 Не говори́ никому́!

030 Бо́дрствовал всю ночь.

031 Я на неё запа́л.

032 Слю́нки теку́т.

033 Бе́сит!

034 Не извиня́йтесь!

035 Да́же и не начина́й!

036 Вживу́ю ты вы́глядишь намно́го лу́чше!

037 Оде́жда колхо́зная.

038 Ро́зовые очки́ нацепи́ла!

039 Она́ про́сто так языко́м болта́ет.

040 Ви́димо она́ слепа́!

До дна!

F: Я бо́льше не могу́ пить.

M: Ну что ты тако́е говори́шь! Дава́й лу́чше вы́пьем до дна!

*дно 바닥 *вы́пить (술을)마시다 *дава́й(те) ~ 합시다

원 샷!

F: 나 더이상 못 마시겠어.

M: 그런 말하지 말고 원 샷! 원 샷하자구!

[해설]

술이나 음료 한 잔을 한 번에 마셔 비울 때 우리는 '원 샷'을 러시아어로는 'до дна!'이라고 한다. 잔의 바닥을 'дно'라고 하고 바닥이 보일 때 까지라고 해서 이것을 원 샷의 의미로 쓴다. 혹은 비슷한 표현으로 'залпом'이라고 표현할 수도 있다. 러시아에서는 건배라는 표현은 없으니 축배의 메시지를 하나씩 알아두는 것도 좋다.

[дополни́тельные выраже́ния]

*우리의 만남을 위해 за нашу встречу!

*건강을 위해 за здоровье!

*우정과 행복을 위해 за дружбу и счастье!

То́лько тако́й ужа́сный ба́бник.

F1: А он симпати́чный.
F2: Ничего́, да? То́лько тако́й ужа́сный ба́бник.

*симпати́чный 매력이 있는, 호감가는　*ужа́сный 지독한, 심한, 대단한
*ба́бник 바람둥이

완전 바람둥이야!

F1: 그는 정말 괜찮아 보이는데.
F2: 그래 보이지? 하지만 그는 완전히 바람둥이야.

[해설]
'완전 바람둥이야'라는 표현은 'То́лько ужа́сный ба́бник.'라고 한다. 바람둥이라는 다른 표현은 우리나라사람도 많이 쓰는 '카사노바야'라는 'настоя́щий казанова', 'просто плейбой'라는 표현도 러시아어에 있다.

Прия́тного аппети́та!

M: Дава́й поку́шаем! Прия́тного аппети́та!
F: Спаси́бо! Тебе́ то́же.

*поку́шать 먹다 *аппети́т 식욕, 입맛 *прия́тный 유쾌한

맛있게 드세요!

M: 이제 한번 먹어볼까! 맛있게 먹어!
F: 고마워. 너도.

[해설]

식사를 할 때 '맛있게 먹어! – Прия́тного аппетита!'라는 표현은 일반적으로 어디든 사용할 수 있는 표현 중 하나이다. 이것에 해당하는 대답으로는 'Спасибо'이라고 하면된다. 혹시나 친절한 러시아인을 만난다면 먹고 '건강해 – Будьте здоровы'라는 표현을 하기도 한다.

깜짝 놀랐을 때

Ты меня́ чуть до́ смерти не напуга́ла!

F: Ты что тут де́лаешь? Что тут интере́сного?

M: Ты меня́ чуть до́ смерти не напуга́ла! Я ду́мал, все ушли́.

＊напуга́ть 놀라게 하다

간 떨어질 뻔했잖아.

F: 너 뭐하고 있어? 재밌는 거니?

M: 간 떨어질 뻔했잖아! 난 사람들이 다 나간 줄 알았어.

[해설]

러시아어 동사 'напугать'라는 뜻은 '놀라게 하다'라는 뜻이다. 거기에 한 단어만 붙이면 'напугать до смерти'는 '매우 놀라게 하다'라는 뜻으로 사용한다. 러시아인들은 '죽기 직전까지 놀라다'라는 표현으로 '간떨어질 뻔하다'라는 표현으로 사용할 수 있다.

Така́я, ви́димо, мо́да.

M: Вида́ла? В Росси́и все сейча́с э́то но́сят.

F: Ну да. Така́я, ви́димо, мо́да.

*вида́ть 보다 *носи́ть 가지고 다니다 *мо́да 유행 *ви́димо 분명하게, 필시

유행인가 봐.

M: 봤어? 러시아 사람 거의 다가 이 물건을 가지고 다녀.

F: 그러게. 유행인가 봐.

[해설]

러시아는 아직까진 유행에 민감한 나라는 아닌 듯 싶다. 'мода'라는 단어를 패션이라는 뜻으로도 쓰거나 유행이라고 쓰는 것을 보면 그렇게 느껴진다. 젊은 이들이 많이 쓰는 표현 중 'Фейшен из май профейшн.'이 있는데 이것은 '나에게 있어 패션은 전부야'라는 뜻으로 본인이 유행에 민감하거나 잘입는다고 생각하면 이런 표현을 쓸 수 있다.

[дополни́тельные выраже́ния]

*패션모델 мо́дная моде́ль

*패션사진 мо́дная фотогорафия

*유행이 빨리 지나가다 мо́да быстро меня́ется.

Втри́дорога переплати́ла!

M: Это тот са́мый твой хвалёный компью́тер? Я ви́дел тако́й же, но на 5000 рубле́й деше́вле.

F: Да ла́дно?! Получа́ется, я втри́дорога переплати́ла?

* втри́дорога 아주 비싸게 *переплати́ть 초과지불하다

바가지 썼네!

M: 이게 네가 산 그 유명한 컴퓨터니? 난 5000루블 더 싼값에 봤는데.

F: 거짓말! 그럼 나 완전 바가지 썼네?

[해설]

러시아어는 'переплатить'라는 동사의 뜻은 '초과지불하다, 지불에 많은 돈을 소비하다, 내다'라는 뜻으로 우리가 흔히 '바가지 썼다'는 표현으로 쓰면된다. 또 다른 표현으로는 'заплатил бешеные деньги'라고 하면된다.

[дополни́тельные выраже́ния]

*터무니없는 가격 бешенная цена

*바가지요금 запрос чрезмерной цены на цену

027위 똥똥하게 나온 배를 보고

У неё живо́т выпира́ет.

M: Смотри́, как у неё живо́т выпира́ет, а всё равно́ облега́ющее пла́тье наде́ла.

F: Зе́ркала до́ма у неё нет, что ли?

*живо́т 배 *выпира́ть 불룩불룩하다 *облега́ющий 몸에 꼭 맞는, 꽉 끼는
*наде́ть 입다

저 여자 똥배가 나왔어.

M: 저 여자 똥배 나온 것 좀 봐. 그래도 저렇게 꽉 끼는 원피스를 입었네.

F: 저 여자 집엔 거울도 없나봐.

[해설]

배가 나온 사람을 'У неё живот выпирает.'이라고 표현하고 다른 표현으로는 'жирдяй' 혹은 'толстопузый'라고도 표현할 수 있다.

 **평소와 다른 행동으로 인해 어색하여 부끄러움을 느낄 때**

Не смотри́, я стесня́юсь!

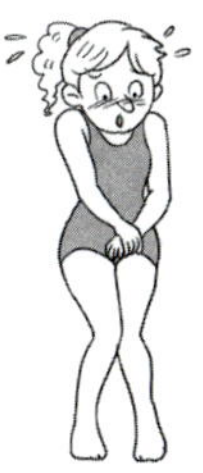

M: Ого́, ты наде́ла бики́ни?
F: Не смотри́, я стесня́юсь!

*наде́ть 입다　*стесня́ться 부끄러워하다

보지 마, 창피해!

M: 와우! 너 비키니 입었네?
F: 보지 마, 정말 부끄러워 죽겠어.

[해설]

러시아인들이 참으로 많이 쓰는 단어이다. 그것과 비슷한 단어는 'стыди́ться' 동사를 많이 쓴다. 하지만 위에 경우는 평소와 다른 행동으로 인하여 어색해 하여 부끄러움을 느낄 때는 쓸 수 있으나 도덕적으로 부끄러운 짓을 하였을 때는 'Мне сты́дно.'를 사용해야 한다.

Не говори́ никому́!

F: Я сего́дня чуть со стыда́ не сгоре́ла. Не говори́ никому́ в шко́ле, хорошо́?

M: Бу́ду молча́ть как ры́ба.

*стыд 부끄러움, 무안 *молча́ть 침묵하다 *ры́ба 생선, 물고기
*сгоре́ть 확 타오르다

아무말도 하지 마.

F: 오늘 정말 쪽팔려! 학교에 돌아가서 아무말도 하지 마.

M: 오늘의 일에 대해 한마디도 안할게.

[해설]

러시아어에서의 이중부정 형태는 강한부정의 의미를 가지고 있다. 이중부정은 'не + 동사~ ни+의문사'의 형태를 쓴다. '난 아무데도 안 갈꺼야'라고 했을 때 'Я никуда́ не пойду́.'라고 하면 되고 동사를 쓰지 않고 '없다'라는 단어를 쓰고 싶다면 'нет ~ ни+의문사'를 쓰면된다. 예를 들어 '그 어디에도 없어'라고 하면 'нет нигде́'라고 하면된다. 만약 전치사가 필요한 경우엔 부정소사 ни와 의문사가 떨어진다. 예를 들자면 '난 누구한테도 안갈꺼야'라고 했을 때 'Я не пойду́ ни к кому́.'가 되니 잘 알아두자.

Бо́дрствовал всю ночь.

M: Вчера́ бо́дрствовал всю ночь за компью́тером.
F: Что? Опя́ть игра́л, что ли?

*бо́дрствовать 밤을 지새우다 *опя́ть 또, 다시

꼬박 밤 새웠어.

M: 컴퓨터 앞에 앉아 있느라 어제 꼬박 밤새웠어.
F: 뭐하느라고? 또 게임 한거야?

[해설]

'밤을 지새우다'라는 단어로 'бо́дрствовать'를 사용하면 된다. 'всю ночь'라는 뜻은 '밤새도록'이란 뜻으로 꼬박 밤을 새웠다라는 표현으로 'бо́дрствовал всю ночь'으로 사용하면 된다. 단어가 어렵다면 'сидел всю ночь', 'всю ночь напролёт'라고 표현할 수도 있다.

[дополни́тельные выраже́ния]
*뜬눈으로 밤을 새우다 не смыкать глаз всю ночь
*밤새워 일하다 занима́ться всю ночь

 **031위** 어떤 사람이나 사물따위에 마음이 홀린 것 같이 쏠렸을 때

Я на неё запа́л.

F: Как тебе́ Со́ня?

M: Без шу́ток, я на неё запа́л, влюби́лся с пе́рвого взгля́да.

*шу́тка 농담 *запа́сть 기억에 남다, 인상에 남다 *влюби́ться 사랑에 빠지다
*с пе́рвого взгля́да 첫 눈에

난 걔한테 홀딱 반했어.

F: 너 쏘냐 어떻게 생각하니?

M: 농담이 아니라, 나 걔한테 홀딱 반했어, 첫눈에 반했단 말이야.

[해설]

러시아어에서 'запасть'라는 뜻의 의미는 기억에 확 남다라는 뜻으로 '홀딱 반하다'라는 표현
으로도 사용 할 수 있다. 'влюбиться'라는 동사 '사랑에 빠지다'라는 단어로도 '홀딱 반하다'
라는 표현 할 수 있다. 'влюбиться без памяти', 'без ума от нее', 'влюблёный
как кошка'라고 하면 된다.

식욕이 날 때

Слю́нки теку́т.

F: Ого́, вот э́то за́пах! Слю́нки теку́т!
M: Тепе́рь-то ты поняла́, что я ма́стер на все ру́ки?

*за́пах 냄새, 향기 *слю́нки 군침, 침 *течь 흐르다, 새다

군침이 도는군.

F: 와, 향이 죽인다. 군침이 도는군.
M: 내 솜씨가 보통이 아닌걸 이제 알았지?

[해설]

식욕이 생길 때 쓰는 표현으로 러시아어로는 'Слю́нки теку́т.'라고 표현 하면 되는데 여기서 'течь'라는 뜻은 여러 가지 의미 중 '흐르다, 새다'라는 뜻으로 사용하여 '군침이 돈다'라고 사용 할 수 있다. 그 이외에 'течь' 동사로 표현 할 수 있는 것은 다음과 같다.

[дополни́тельные выраже́ния]

*시간이 빨리 흐른다. Вре́мя течёт бы́стро.
*눈물이 뺨에 흘러 내렸다. По щека́м текли́ слёзы.
*그는 코피를 흘리고 있다. У него́ кровь течёт из но́са.

Бéсит!

F: Онá всегдá жáлуется, бéсит.
M: Да, прáвда.

＊бесúть 격노하다

진짜 짜증나.

F: 걘 항상 불만투성이어서 진짜 짜증나.
M: 맞아, 맞아.

[해설]

반복된 일이나 질문으로 기분이 상했을 때는 'бесит'이라고 하면 된다. '열 받아!'라고 할 때도 이 동사를 사용하면 된다. '화가 난다'라는 의미를 갖는 동사는 많다. 예를 들자면 'возмущать'라는 뜻으로도 사용할 수 있다. 이와 비슷한 표현으로 'Выбешивает меня.'라는 표현도 있다.

나에 대해 마음이 편치 못하고 부끄러움을 느끼는 사람에게

Не извиня́йтесь!

F: Извини́те, я не зна́ла, что э́то насто́лько ва́жный
     докуме́нт.
M: Не извиня́йтесь. Это я вас зара́нее не предупреди́л.

*насто́лько 그렇게   *ва́жный 중요한   *докуме́нт 문서   *зара́нее 미리
*предупреди́ть 예고하다, 알려두다

미안해 할 것까지는 없어.

F: 미안해요, 그 서류가 당신에게 그렇게 중요한지 몰랐어요.
M: 아니에요, 미안해 할 것까지는 없어요. 내가 당신에게 미리 주의를 줬어야했어요.

[해설]

마음이 편치 못하고 미안함을 느낄 때는 'Не извиняйтесь.'라고 말 하면 된다. 문장에서
'Не стоит.'라는 단어를 넣어 'Не стоит извиняться.' 사용해도 좋다.

 그 문제는 민감하니까 꺼내지도 말라는 뜻으로 쓰임

Да́же и не начина́й!

F: Что э́то с Оле́гом?
M: Да́же и не начина́й! И слу́шать про него́ не хочу́.

*начина́ть 시작하다   *про ~에 대하여(대격)

그 얘긴 꺼내지도 마!

F: 알렉이랑 도대체 무슨 일인데?
M: 그 얘긴 꺼내지도 마! 그리고 그 자식 얘기라면 더 이상 듣고 싶지않아.

[해설]

민감하거나 말을 꺼내지 못하게 하려 할 때 'Да́же и не начинай!'라고 한다. 'начинать' 를 사용하여 러시아어식으로 표현 하자면 시작도 말라는 뜻으로 쓰인다. 혹은 'Ой, всё'라는 표현도 가능하다.

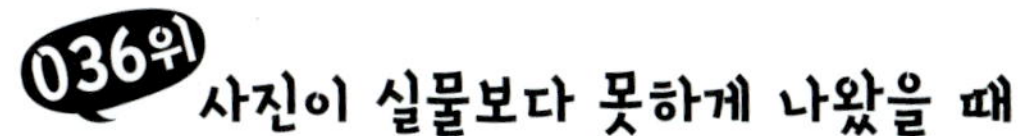

Вживу́ю ты вы́глядишь намно́го лу́чше!

M: Это действи́тельно ты на фо́то? Вживу́ю ты вы́глядишь намно́го лу́чше.

F: Коне́чно, я. Это я в выпускно́м кла́ссе шко́лы.

* вживу́ю (부사)실제, 실물   * намно́го 훨씬   * вы́глядеть ~처럼 보이다
* действи́тельно 실제로, 진짜로   * выпускно́й класс 졸업반(고3)

넌 사진보다 실물이 예뻐.

M: 사진에 있는 여자가 정말 너야? 너는 사진보다 실물이 예뻐.
F: 당연히 나지. 그때 난 겨우 고등학교 3학년이었어.

[해설]
사진이 실물보다 못나왔을 때 'Вживую ты выглядишь намного лучше.'라고 표현한다. 혹은 문장이 너무 길다고 느껴지면 '동사 – выглядишь'라는 동사를 빼고 사용해도 된다. 또 다른 표현으로는 'В реале ты намного лучше.'라고 해도 된다. 여기서 'в реале'는 'real'인데 러시아인이나 한국인이나 '레알'이라는 표현을 좋아하는 것 같다.

 어울린 맛과 세련됨이 없이 어수룩한 데가 있을때

Оде́жда колхо́зная.

F: Здесь така́я колхо́зная оде́жда. Мне совсе́м не идёт, я в ней как ба́бка.

M: Хорошо́, дава́й пойдём в друго́й магази́н.

*колхо́зный 시골스러운 *оде́жда 옷 *ба́бка 할머니

옷이 촌스러워.

F: 여기 옷들은 너무 촌스러워. 너한테 전혀 안어울려. 아줌마같아.

M: 알았어. 다른데 가보자.

[해설]

어울린 맛과 세련됨이 없이 어수룩한 데가 있을 때 러시아어로는 'Одежда колхозная.' 라고 한다. 한국어와 러시아어가 표현이 참으로 비슷하다. 구 소련시절 국가 통제 집단 농장을 'колхоз'라고 했으며, 그곳에서 일하는 사람을 'колхозник, колхозница'라고 부른다. 'колхозная'라고 하는 것은 농장에서 일하는 사람들처럼 촌스럽다는 이야기로 볼 수 있다.

[дополни́тельные выраже́ния]

*세련된 шика́рный, потря́сный
*화려한 роско́шный, наря́дный
*우아한 грацио́зный, элега́нтный

앞이 가리어 사물을 정확하게 보지 못함을 비유적으로 이르는 말

Ро́зовые очки́ нацепи́ла!

F1: Вчера́ Алекса́ндра познако́мила меня́ со свои́м молоды́м челове́ком, он показа́лся мне ско́льзким ти́пом.

F2: Вот-вот! Мне то́же, похо́же Алекса́ндра ро́зовые очки́ нацепи́ла.

＊ско́льзкий 미끄러운 ＊тип 놈 ＊нацепи́ть 달다, 걸치다

눈에 콩깍지가 씌었나봐!

F1: 어제 알렉산드라가 자기남친을 소개시켜 줬는데, 내가 딱봐서는 좀 아니더라.

F2: 그래. 맞아, 나도 그 생각했어. 알렉산드라 눈에 콩깍지가 씌었나봐.

[해설]

'눈에 콩깍지가 씌었다'는 표현을 러시아어에서는 'Розовые очки нацепила.'는 표현으로 쓰고 있다. 우리도 사랑에 빠지거나 좋아하는 게 있으면 눈에 콩깍지가 씌었다고 하는 것처럼 러시아어에서도 '핑크색 안경을 썼다'고 표현하고 있다. 러시아어 표현에서 'скользкий' 라는 단어는 '미끄러운'이란 뜻이다. 미끄러우면 잡히지 않고 도망가기 일수이다. 그래서 'скользкий тип'라는 표현은 '이상한 놈' 혹은 '잘 빠져나가는 놈'이란 뜻으로 사용하고 있다.

행동은 하지 않으면서 말은 청산유수인 사람을 일컬어

Она́ про́сто так языко́м болта́ет.

F: Ты слы́шал, Светла́на на сле́дующие выходны́е приглаша́ет нас на новосе́лье?

M: Осо́бо не рассчи́тывай. Она́ про́сто так языко́м болта́ет.

＊выходно́й (день) 휴일　＊приглаша́ть 초대하다　＊новосе́лье 집들이

＊осо́бо 특히, 별로　＊рассчи́тывать 기대하다

＊болта́ть 수다 떨다, 쓸데 없는 말을 하다.

걔는 입만 살았어.

F: 스베틀라나가 다음 주말에 우리를 자기 집들이에 초대한다는 소리 들었어?

M: 별 기대하지마. 왜냐하면 걔는 입만 살았거든.

[해설]

행동은 하지 않으면서 말은 청산유수인 사람을 일컬어 'болтает только языком'이라고 표현한다. 동사 'болтать'는 수다를 떨다라는 일반적인 뜻이지만 'только языком'이란 단어를 붙이면 '말로만 수다를 떤다'라고 해서 '입만 살다, 허풍을 떤다'라고 표현이 된다.

[дополни́тельные выраже́ния]
＊수다쟁이 (남)балтун (여)балтушка
＊허풍쟁이 (남)врун (여)врушка
＊허풍쟁이 (남)брехун (여)брехушка

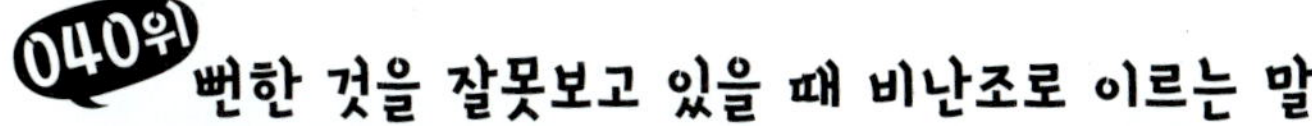

뻔한 것을 잘못보고 있을 때 비난조로 이르는 말

Ви́димо она́ слепа́!

F1: Не зна́ю, чем он ей так нра́вится. Да и образова́ние у него́ так себе́.

F2: То́чно. Я то́же не пойму́. Ви́димо она́ слепа́!

∗поня́ть 이해하다 ∗образова́ние 교육, 학벌, 학력 ∗ви́димо 분명하게, 필시
∗слепа́ 장님

눈이 삐었구나!

F1: 난 걔가 왜 그런 남자친구를 좋다고 하는지 모르겠어. 그는 학벌도 변변찮은데.

F2: 그러게. 나도 이해 못하겠어. 눈이 삔거지.

[해설]

뻔한 것을 잘못보고 있을 때 비난조로 이르는 말을 'Ви́димо она слепа.'라고 한다. 하지만 좋은 의도로 아니면 '사랑에 눈이 멀다'라고 할 때 'Ви́димо любовь ослепляет.'라고 말할 수 있다.

041위 - 060위 순위

041회) Пла́тье сли́шком вульга́рное.

042회) Не выпе́ндривайся!

043회) У нас её заблоки́ровали.

044회) Спал кре́пким сном!

045회) Не расстра́ивайся.

046회) Пусть да́льше мечта́ет.

047회) Я никогда́ не вру.

048회) Не уви́ливай!

049회) Не лезь не в своё де́ло!

050회) Прекрати́ брюзжа́ть!

051회) Я влюби́лся в неё с пе́рвого взгля́да.

052회) Надое́ло до у́жаса!

053회) Набива́ешь себе́ це́ну?

054회) Салю́т!

055회) Прокомменти́ровала.

056회) Погу́гли сейча́с!

057회) Люби́тель поотправля́ть сма́йлики.

058회) Когда́ после́днее метро́?

059회) Сего́дня бу́дет пья́нка!

060회) За́втра бу́дет я́сная пого́да.

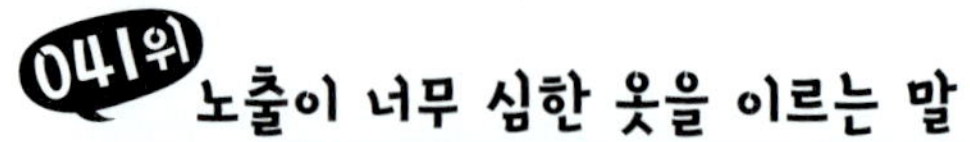

노출이 너무 심한 옷을 이르는 말

Пла́тье сли́шком вульга́рное.

F1: Как тебе́ э́то пла́тье? Пра́вда, краси́вое?

F2: Да, но тебе́ не ка́жется, что оно́ сли́шком вульга́рное? Не бо́йшься, что на тебя́ глазе́ть бу́дут?

*пла́тье 원피스 *каза́ться ~라고 여겨지다, 생각되다 *вульга́рный 야한
*боя́ться 두려워하다 *глазе́ть 주시하다, 쳐다보다

옷이 너무 야하네.

F1: 이 원피스 좀 봐. 예쁘지 않니?

F2: 그렇긴 한데, 좀 야한 것 같지 않아? 사람들이 쳐다보는게 두렵지 않아?

[해설]

노출이 너무 심한 옷을 입었을 때 러시아어로 'платье вульгарное'라고 한다. 이것과 비슷한 표현으로는 'слишком открытое'라고 말할 수 있다.

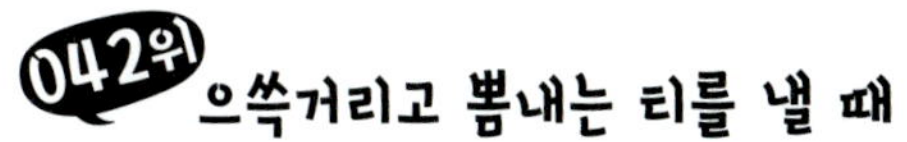

042위 으쓱거리고 뽐내는 티를 낼 때

Не выпе́ндривайся!

F1: Не выпе́ндривайся. Ты что ду́маешь, что ты моде́ль?
F2: Не лезь в мои́ дела́, со свои́ми снача́ла разбери́сь.

*выпе́ндриваться 매우 뽐내다 *лезть 기어오르다, 괴롭히다 *снача́ла 처음에
*разобра́ть 파악하다

괜히 폼 잡지 마.

F1: 괜히 폼 잡지 마. 네가 모델인 줄 알아?
F2: 남의 일에 신경끄고, 너나 잘해라.

[해설]
으쓱거리고 뽐내는 티를 낼 때 러시아어로 'Не выпендривайся!'라고 하면 된다. 이것과
비슷한 표현으로는 'Не выделывайся. 혹은 Хватит выделываться!'라고 하면 된다.

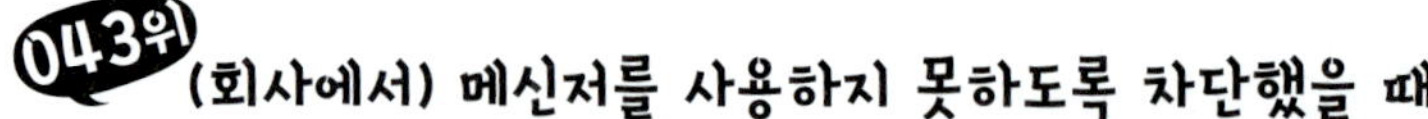

У нас её заблоки́ровали.

F: Ду́маю, бу́дет удо́бнее поговори́ть че́рез MSN(эм эс эн). Како́й у тебя́ а́дрес электро́нной по́чты?

M: Я на рабо́те и не могу́ по́льзоваться э́той програ́ммой. У нас её заблоки́ровали. Лу́чше позвони́.

*удо́бный 편리한　*че́рез ~통해, ~로(대격)　*по́льзоваться 이용하다, 사용하다
*заблоки́ровать 봉쇄하다, 차단하다

회사에서 메신저를 막아났어.

F: MSN으로 얘기하는 게 더 편할 것 같은데. 네 주소가 어떻게 되는데?

M: 난 사무실에서 메신저를 할 수가 없어. 회사에서 막아났어. 나한테 전화하는게 더 빠를거야.

[해설]

회사에서 메신저를 사용하지 못하도록 차단했을 때 'У нас её заблокировали.'라고 표현하는데 동사 'заблокировать'라는 동사 대신 'запретить' 동사를 사용하여 'У нас её запретили.'라고 표현 할 수있다.

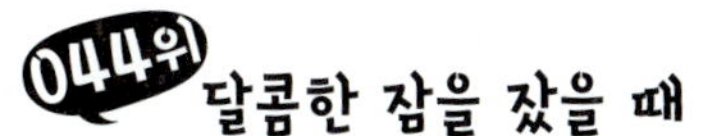

Спал крéпким сном!

F: Ты почемý днём не пришёл? Вчерá пóздно вернýлся?

M: Я тóлько в четы́ре встáл. Спал крéпким сном, как уби́тый.

*спать 자다 *пóздно 늦게까지 *уби́тый 죽은

정말 푹 잤어.

F: 왜 오늘 낮에 안왔어? 어제 늦게 들어갔어?

M: 나 4시에 일어났어. 정말 푹 잤어. 누가 업어가도 모를 정도로 잤어.

[해설]

달콤한 잠을 잤을 때 'Спал крепким сном.'이라고도 하고 'Спал крепко.', 'Спал сладко.'라고도 말할 수 있다. 러시아어 입문자를 위한 'Спал хорошо'라는 간단한 표현도 있다. 흔히 '푹잤어'라는 표현을 러시아어로 '깊게 잤어'라고 하거나 영어로 일면 'deep sleep'했다고 표현하는 것과 비슷하다.

[дополни́тельные выражéния]

*취침하다 ложиться спать

*잠이 오지 않는다. 못잤다 не спалось

어떤 것 때문에 너무 낙담하지 말라고 할 때

Не расстра́ивайся.

M: Провали́л экза́мен по ру́сскому языку́. А так мно́го гото́вился…

F: Не расстра́ивайся. В сле́дующий раз сдашь.

*провали́ть 실패하다, 낙제시키다 *гото́виться 준비하다
*сдать экза́мен(ы) 시험을 치르다 *сле́дующий раз 다음 번
*расстра́иваться 실망하다, 낙담하다

너무 기죽지마. / 실망하지 마.

M: 이번 러시아어 시험 떨어졌어. 그 동안 정말 열심히 했는데.
F: 너무 기죽지마. 다음에 잘 보면 되지.

[해설]

제일 많이 쓰는 표현으로 어떤 것 때문에 너무 낙담하지 말라고 할 때 러시아어로 'Не расстраивайся.'라고 말한다. 이와 비슷한 관용표현으로 'Не падай духом.'과 'Не опускай руки.'라는 표현이 있다. 'Не падай духом.'의 경우 굳이 해석을 한다면 '한숨 쉬지마'라고 하며 윗 상황과 비슷한 표현으로 'Не унывай.'라는 '낙심하지마!'라는 표현도 있으니 잘 알아두자.

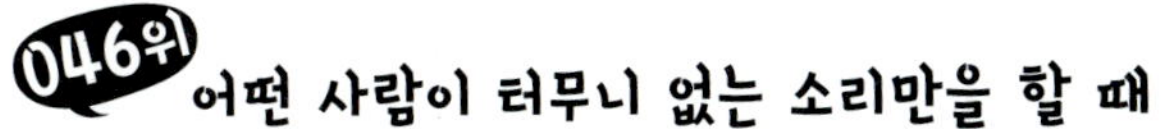

 어떤 사람이 터무니 없는 소리만을 할 때

Пусть дáльше мечтáет.

M: Он сказáл, что полýчит сто бáллов, так как экзáмен лёгкий.

F: Пусть дáльше мечтáет. Емý повезёт, éсли он наберёт хоть пятьдесят бáллов из ста.

*балл 점수 *повести́ 운이 좋다 *набрáть 많이 얻다

걘 꿈같은 소리만 해.

M: 걔는 이번시험이 쉬워서 만점 받았을 것 같다고 말하더라.

F: 걘 꿈 같은 소리만 해. (걘 꿈 좀 깨라고 해.) 만점은 커녕 50점만 받아도 운 좋은거야.

[해설]

어떤 사람이 터무니 없는 소리만을 할 때 'Пусть дальше мечтает.'라고 하는데 '계속 상상해'라는 뜻으로 이 표현을 쓰고 있다. 이러한 비슷한 표현으로는 'размечтался! – 공상에 잠기다!'로도 사용할 수 있다.

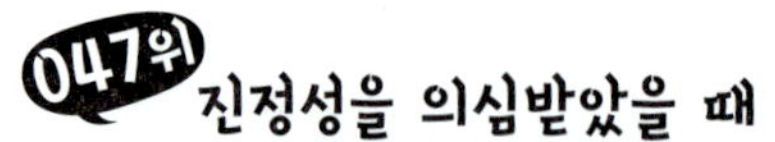

Я никогда́ не вру.

M: Да не мог нача́льник ему́ э́то посове́товать.

F: Ты сам зна́ешь, что я никогда́ не вру. Спроси́ сам, е́сли не ве́ришь.

*врать 거짓말하다 *нача́льник 사장님, 책임자 *посове́товать 제안하다, 조언하다
*спроси́ть 물어보다 *сам 스스로, 직접 *ве́рить 믿다

거짓말 같은거 안해요.

M: 사장님이 그 사람한테 그런 제안을 하셨다는 건 말도 안되는 소리다.

F: 난 거짓말 같은거 안하는거 알잖아. 못 믿겠으면 걔한테 직접 물어봐.

[해설]

러시아어에서 헷갈리 수 있는 단어 'врать'와 'обма́нывать' 동사이다. 러시아어로 말할 때 간혹 헷갈릴 수 있으니 뜻을 반드시 확인하자. 'врать - 거짓말하다' 동사는 가볍게 누군가를 속이거나 거짓말 한다고 할 수 있는데 'обма́нывать - 속이다'라는 동사는 의도가 좋지 않은 의미로 가는 것이니 잘 사용 하도록 하자.

048위 겉으로는 순해 보이나 속으로는 엉큼할 때

Не уви́ливай!

F: Поня́тия не име́ю, о чём ты говори́шь.

M: Не уви́ливай, всё ты прекра́сно зна́ешь.

＊уви́ливать 발뺌하다　＊прекра́сно 아주 잘, 완전히

내숭 떨지 마!

F: 난 대체 네가 무슨 말을 하고 있는지 아무것도 모르겠어.

M: 내숭 떨지 마. 분명히 알고 있잖아.

[해설]

겉으로는 순해 보이나 속으로는 엉큼할 때 'Не увиливай!'라고 표현한다. 이러한 비슷한 표현으로는 '~인 척하다'라는 러시아어 동사를 사용하여 'Не прикидывайся.'라는 것을 '내숭떨지 마'라고 표현 할 수 있다.

Не лезь не в своё де́ло!

M: Так нельзя́. Пото́м то́лько бо́льше пробле́м бу́дет.

F: Не лезь не в своё де́ло. Ты что свой нос суёшь?

*пробле́ма 문제 *де́ло 일 *нос 코 *сова́ть 참견하다, 물리다

너나 잘 하세요!

M: 이렇게 하면 안돼. 나중에 문제가 더 많아질거야.

F: 너나 잘 하세요. 남의 일에 간섭하는게 취미예요?

[해설]

'너나 잘 하세요'라는 표현은 웬만한 언어표현에 다 있지 않을까 싶다. 러시아어도 'Не лезь не в своё дело.' 표현이 있는데 비슷한 표현으로 'За собой следи!'도 있으니 참고 하자.

 **050위** 필요 이상으로 듣기 싫게 꾸짖거나 참견하여 지겨울 때

Прекрати́ брюзжа́ть!

M: Прекрати́ брюзжа́ть, я бо́льше не могу́ э́того слы́шать.
F: Это для твоего́ же бла́га. Сам пожале́ешь пото́м, когда́ по́здно бу́дет.

*прекрати́ть 그만두다 *брюзжа́ть 잔소리하다 *бла́го 혜택, 이익
*жале́ть 후회하다

잔소리 좀 그만해!

M: 잔소리 좀 그만해. 내 귀에 못이 박히겠어.
F: 다 널 위해 그러는거다. 나중에 후회해 봤자 소용없다구.

[해설]

필요 이상으로 듣기 싫게 꾸짖거나 참견하여 지겨울 때 'Прекрати брюзжать.'라고 표현한다. 비슷한 표현으로는 'бухтеть'라는 동사를 사용하여 'Прекрати бухтеть.'라고 사용하면 된다.

[дополни́тельные выраже́ния]
*바가지를 긁다 пилить мужа

051위 상대에게 반했을 때

Я влюби́лся в неё с пе́рвого взгля́да.

M: Софи́я меня́ приворожи́ла. Я влюби́лся в неё с пе́рвого взгля́да.

F: Ты призна́ешься ей в любви́?

*приворожи́ть 매혹되다 *призна́ться 고백하다

첫 눈에 반해 버렸어요.

M: 나 소피아한테 마음을 빼앗겨 버렸어. 첫 눈에 반해 버렸거든.

F: 그럼 그녀한테 고백할 거야?

[해설]

상대방 여성에게 첫눈에 반했을 때 'Я влюбился в неё с первого взгляда.'라고 한다. 'любить'는 전형적인 타동사인데 사랑이 빠지다라고 했을 때 재귀동사 'влюбиться' 형태가 된다. 어디로 빠진다고 했을 때 '그녀 속으로' 빠진다고 해서 в + 대격형태를 쓴다.

[дополни́тельные выраже́ния]

*자수하다 признаться в преступлении

넌더리가 날 정도로 지루하고 싫을 때

Надое́ло до у́жаса!

M: Ты пра́вда подраба́тываешь в кафе́?

F: Да, но уже́ надое́ло до у́жаса! Да и пла́тят всего́ ничего́, с гу́лькин нос.

＊подзарабо́тать 아르바이트하다　＊у́жас 미치겠군, 비참, 불쾌
＊с гу́лькин нос 쥐꼬리 만큼

이 짓 지겨워 죽겠어!

M: 너 커피숍에서 알바 한다면서? 진짜야?

F: 응 맞아. 근데 이 짓 벌써 지겨워 죽겠어! 게다가 알바시급(알바비)은 정말 형편 없다구.

[해설]

무언가 하는 일이 넌더리가 날 정도로 지겹거나 싫을 때 'Надоело до ужаса.'라고 한다. 한국인은 무언가 힘들거나 하면 죽겠다는 소리 정말 잘 하지만 러시아인들은 'ужас'라는 표현 정말 사랑한다. 지금부터라도 한번 주의깊게 들어보자.

[дополни́тельные выраже́ния]
＊공포영화 фильм ужасов

Набива́ешь себе́ це́ну?

M: Набива́ешь себе́ це́ну? Да́же нача́льник пришёл, что́бы с тобо́й поговори́ть.

F: Несмотря́ на э́то, я всё равно́ не пойду́ к ним рабо́тать.

*набива́ть (승부로)이기다   *нача́льник 사장님, 상사, 관리자
*несмотря́ на + 대격 ~에도 불구하고   *всё равно́ 똑같다, 어쨌든, 상관없다

되게 비싸게 구네.

M: 되게 비싸게 구네. 사장님이란 사람까지 친히 찾아오게 하고 말이야.
F: 사실은 사장님이 그렇게 나와도 난 그 회사가 안 갈거야.

[해설]

다른 사람의 요구에 쉽게 응하지 않고 도도하게 행동할 때 'Набиваешь себе цену?'라고 한다. 즉, '자신을 비싸게 굴다'라는 뜻으로 쓰인다. 이 표현은 사전 상에 나오는 'набивать' 동사와는 뜻이 좀 다르니 알아두자. 만약 'себе'를 제외하고 'набивать цену'의 의미는 '가격을 올려부르다'라는 뜻이 되며, 'набивать карманы'라고 하면 '자신의 주머니를 채우다' 즉, 사욕을 채우다라는 뜻으로도 사용이 된다.

[дополни́тельные выраже́ния]
*솜씨가 늘다 набивать себе руку

주로 젊은 층에서 친한 사람 간 만났을 때 편하게 나누는 인사표현

Салют!

M1: Салют!

M2: О, ты пришёл! Ива́н, покажи́ дома́шку по а́лгебре.

*показа́ть 보여주다 *а́лгебра 수학

안녕!

M1: 안녕!

M2: 아, 왔다 왔어! 이반, 수학 숙제 좀 보여줘.

[해설]

젊은 층에서 흔히 남자들간의 친한 사람 간 만났을 때 편하게 나누는 인사표현이 'привет' 말고 이런 'салют'라는 표현도 있다. 또 다른 표현으로는 악수를 하면서 'здорова'라는 표현도 많이 쓴다. 그러나 이 표현은 여자들은 잘 쓰지 않는다. 또한 'здорова'의 동사형인 'здороваться с + 조격'의 형태로 '~와 '인사를 나누다/안면을 트다'라는 의미를 가지고 있으며, 'здороваться за руку'는 '악수를 하다'라는 표현이다.

Прокомменти́ровала.

M: Ви́дела, что на фо́руме написа́ли?
F: Да, ви́дела и уже́ прокомменти́ровала.

*фо́рум (인터넷)게시판 *прокомменти́ровать 리플달다

리플 달아놨어.

M: 게시판에 글 남긴거 봤어?
F: 그럼. 보고 리플 달아놨어.

[해설]

인터넷 게시판에 적힌 글에 답글을 적었을 때 'Уже́ прокомментировала.'라고 한다. 요즘 세대엔 몰라선 안되는 단어이기도 하다. 이 단어는 '코멘트달다'라는 뜻이고 '리플달다'라는 뜻으로 사용하기도 한다.

[дополни́тельные выраже́ния]
*게시판, 투표용지 бюллетень
*간판 вывеска
*광고판(극장등의) доска объявлений

Погу́гли сейча́с!

M: Ты зна́ешь, что сейча́с на пе́рвой стро́чке в поисковике́? Погу́гли сейча́с!

F: Ого́! Это что, пра́вда!? Они́ пра́вда пожени́лись?

＊поискови́к 검색　＊пожени́ться 결혼하다

지금 한번 검색해봐!

M: 지금 검색어 1위가 먼지 알아? 지금 한번 검색해봐!

F: 와우! 이거 정말이야? 정말 둘이 결혼한데?

[해설]
인터넷에서 검색을 해야 할 때 'Погугли сейчас!'라고 한다. 러시아인들이 검색을 할 때 구글을 제일 많이 이용하여 흔히 그렇게 말한다. 우리나라도 검색을 해야 할 때 검색이란 단어는 'поисковик'를 사용한다는 것을 알아두자.

[дополни́тельные выраже́ния]
＊가입 регистрация
＊패스워드 пароль
＊아이디 айди
＊카페 дневник
＊업데이트 обновление
＊로딩 загрузка

057위 휴대폰 문자나 컴퓨터로 문서 작성 시 특수문자를 많이 사용하는 사람에게

Люби́тель поотправля́ть сма́йлики.

F1: Юля, а ты люби́тель поотправля́ть сма́йлики.
F2: А что, прико́льно же!

*люби́тель 애호가, ~꾼 *поотправля́ть 보내다 *сма́йлик 이모티콘
*прико́льно 귀엽다

이모티콘 꽤 많이 쓰네.

F1: 율랴는 이모티콘 꽤 많이 쓰네.
F2: 귀엽잖아!

[해설]

휴대폰 문자나 컴퓨터로 문서 작성 시 특수문자를 많이 사용하는 사람에게 'Люби́тель поотправлять смайлики.'라고 한다. 러시아어는 'поотправлять'라는 단어를 사용했지만 그자리에 비슷한 뜻으로 'использовать – 사용하다'라는 단어도 사용할 수 있다. 사전 상에 나오지 않는 일명 속어 'прикольно'라는 단어는 많은 뜻을 가지고 오는데 상황에 따라 '귀엽다, 최고다, 웃기다'등의 뜻으로 쓴다. 또한 'Есть прикол?'이라고 하면 '뭐 재미난 거 있어?' 혹은 '무슨 재미난 소식 있어?'라는 뜻으로 사용하기도 한다.

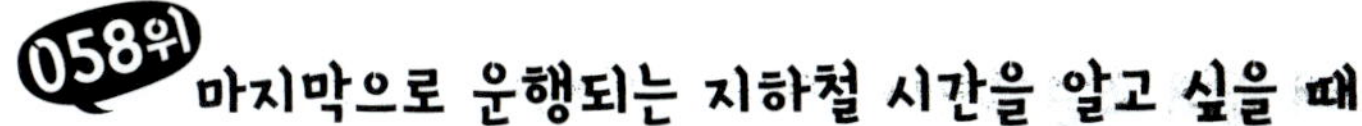

마지막으로 운행되는 지하철 시간을 알고 싶을 때

Когда́ после́днее метро́?

M1: Когда́ после́днее метро́?
M2: Ты уже́ опозда́л. Переночу́й сего́дня у нас.

＊опозда́ть 늦다　＊переночева́ть 숙박하다. 1박하다

막차 언제야?

M1: 막차 언제야?
M2: 벌써 끝났어. 오늘은 우리 집에서 자고 가.

[해설]

마지막으로 운행되는 지하철 시간을 알고 싶을 때 'Когда последнее метро?'라고 한다. 지하철은 즉 기차의 뜻이기도 하여 같은 자리에 'Когда последний поезд?'라고 하여도 된다. 버스나 그 이외 것도 마찬가지로 원하는 교통수단만 붙이면 된다.

Сего́дня бу́дет пья́нка!

M1: Сего́дня бу́дет пья́нка!
M2: Пра́вда? Где и во ско́лько?

*пья́нка 술자리

오늘 술자리 있대.

M1: 오늘 술자리 있대!
M2: 그래? 어디서 몇시에?

[해설]

술자리 모임 정보를 전달할 때 'Сегодня будет пьянка!'라고 하는데 러시아인들은 한국인들처럼 술마시는 거 정말 좋아한다. 술을 마시다라는 표현도 따로 있다: бухать. 그래서 '우리 술 마시러 가자! – Пошли побухаем!', '너 술마셨어?! – Ты что, набухался!?'를 이렇게 사용하면 된다.

[дополни́тельные выраже́ния]
*술자리에서 시비를 걸다 ссориться по пьянке

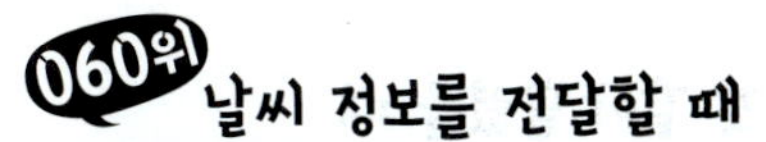

Завтра бу́дет я́сная пого́да.

F: Завтра бу́дет я́сная пого́да. Хорошо́, что мы идём на пикни́к.

M: Блин, а я был уве́рен, что за́втра бу́дет дождь, и съел всё пече́нье на за́втра.

*пикни́к 피크닉 *уве́рен 확신하다 *дождь 비 *съесть 다먹다

내일은 날씨 맑대.

F: 내일은 날씨 맑대. 소풍 갈 수 있어서 다행이다.

M: 뭐! 100% 비 올 줄 알고 소풍 과자 벌써 다 먹어버렸는데.

[해설]

러시아인들은 날씨에 민감하다. 날씨가 안 좋은 날이 많기 때문에 일반적으로 날씨얘기를 물어보는 것을 좋아하고 안부인사처럼 하기도 한다. 마치 우리나라 사람들이 인사치레로 '식사하셨어요?'라고 묻는 것과 비슷하다고 생각할 수 있다.

[дополни́тельные выраже́ния]
*오늘은 안개가 꼈어요 сегодня туман
*우중충한 날 серо
*흐린날 пасмурно

061위	오늘 한파야!
062위	어쩐지!
063위	그야 식은 죽 먹기지.
064위	시간가는 줄 몰랐네.
065위	나한테 화풀이 하지 마.
066위	늦잠 잤어.
067위	바빠 죽을 지경입니다.
068위	돈 한푼도 없어.
069위	세상에 공짜가 어딨어?
070위	난 왼손잡이야!
071위	바람피우지 마!
072위	지금 공강이야.
073위	어제 필름이 끊겼어.
074위	그는 앞뒤가 꽉 막혔어.
075위	왜 맨날 그 모양이니?
076위	입에 침이나 바르고 거짓말해라.
077위	생각이 날듯말듯 해.
078위	걔 양다리 걸쳤어!
079위	분위기 깨지마!
080위	분담해서 내자. (더치페이하자)

061위 Сего́дня си́льный моро́з!

062위 Так вот оно́ что!

063위 Про́ще просто́го.

064위 Как вре́мя пролете́ло.

065위 Не на́до на мне злость вымеща́ть!

066위 Вдо́воль вы́спался.

067위 Про́сто ужа́сно за́нят.

068위 У меня́ нет ни копе́йки.

069위 Беспла́тный сыр то́лько в мышело́вке!

070위 Я левша́.

071위 Не ходи́ нале́во!

072위 Сейча́с окно́.

073위 Вчера́ вы́рубился.

074위 Он о́чень упёртый.

075위 Опя́ть за своё?

076위 Ври хоть правдоподо́бней.

077위 В голове́ ве́ртится.

078위 Она́, ока́зывается, вертихво́стка!

079위 Не будь зану́дой!

080위 Дава́й лу́чше ски́немся на двои́х.

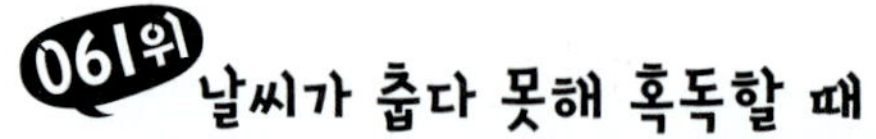

061위 날씨가 춥다 못해 혹독할 때

Сего́дня си́льный моро́з!

F: Сего́дня си́льный моро́з!
M: По телеви́зору сказа́ли, что за́втра ещё уси́лится.

*уси́литься 강화되다 *моро́з 영하, 한파

오늘 한파야!

M: 오늘 한파야!
F: 티비에서 내일은 더 춥다고 하네.

[해설]

러시아에서 자주 쓰는 표현 중 하나인 날씨가 춥다 못해 혹독하다고 표현할 때 'Сего́дня си́льный моро́з!'라고 한다. 일반적으로 이 표현은 영하20도 이상 떨어졌을 때 하는 표현이다.

[дополни́тельные выраже́ния]
*아이스크림 морожное
*냉동실 морозильник
*추위가 누그러지다 мороз ослаб

Так вот оно́ что!

F: Я мети́ска, ты ра́зве не знал?

M: Так вот оно́ что! То́-то мне каза́лось, что у тебя́ немно́го необы́чный цвет во́лос.

*мети́ск(а) 혼혈　*ра́зве 정말로　*необы́чный 평소와 다른, 예외적인, 이상한

*цвет 색깔　*во́лос 머리카락

어쩐지!

F: 나 혼혈이야. 몰랐어?

M: 어쩐지! 왠지 머리 색깔 같은게 좀 다르다고 생각했어.

[해설]

러시아도 다민족 국가이다. 정말 많은 민족과 부족이 살고있는 나라이다. 혼혈이라는 말이 어색하게 들리거나 그렇지 않다. 혼자 추측하고 있던 것이 맞아 떨어졌을 때 'Так вот оно что!'라고 말한다.

[дополни́тельные выраже́ния]

*흑인 негр （афроамериканец）

*백인 европеец

*동양인 азиат

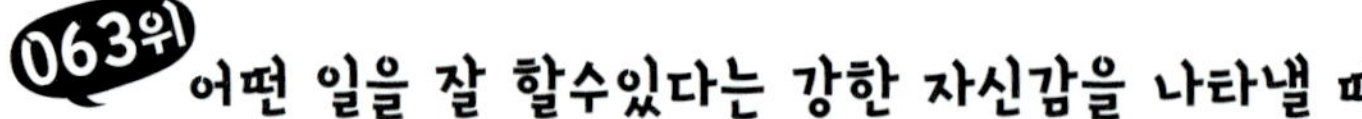

Проще простого.

M: Ты смóжешь зáвтра вы́йти на рабóту пóсле цéлого дня шóппинга?

F: Конéчно. Проще простóго.

＊вы́йти 나가다　＊цéлый день 하루종일　＊шóппинг 쇼핑

그야 식은 죽 먹기지.

M: 어제 종일 쇼핑했는데도, 내일 출근 할 수 있겠어?

F: 물론이지. 그야 식은 죽 먹기야.

[해설]

어떤 일을 잘 할수있다는 강한 자신감을 나타낼 때 'Проще простого.'라고 한다. 그와 비슷한 표현으로 'проще пареной репы'라고 하는데 우리나라는 '죽'으로 표현했지만 러시아어는 '삶은 순무'라고 표현한 것이다. 또한 무언가에 대하여 잘 알아 아무런 문제가 없다고 자신할 때는 'Я это знаю как свои пять пальцев.' '이것에 대해서는 내 다섯손가락만큼 이나 잘 알아'라는 표현을 쓰기도 한다.

Как вре́мя пролете́ло.

F: Уже́ семь ве́чера, ты что, домо́й не собира́ешься?

M: За рабо́той и не заме́тил, как вре́мя пролете́ло.

*собира́ться 준비하다, ~하려고 하다 *заме́тить 눈치채다, 깨닫다

*пролете́ть 지나가다, 날다

시간가는 줄 몰랐네.

F: 벌써 저녁 7시야. 아직 여기서 뭐해? 퇴근 안해?

M: 너무 일에 집중 하느라, 시간가는 줄 몰랐네.

[해설]

어떤 일에 집중해서 시간이 흐름을 몰랐을 때 'Как время пролетело.'라고 한다.

'пролететь' 동사 대신 'пройти'를 사용해도 된다.

상대방이 화난 감정을 나한테 풀 때

Не на́до на мне злость вымеща́ть!

F1: Ты то́же ведёшь себя́, как ребёнок!
F2: Не на́до на мне злость вымеща́ть, е́сли у тебя́ про́сто плохо́е настрое́ние.

＊вести́ 처신하다 ＊ребёнок 아기 ＊злость 악의, 악감정
＊вымеща́ть 복수하다, 분풀이하다 ＊настрое́ние 기분

나한테 화풀이 하지 마.

F1: 너도 정말 어리석다!
F2: 네가 기분이 안 좋다고, 나한테 화풀이 하지 마.

[해설]

상대방이 화난 감정을 나한테 풀 때 'Не надо на мне злость вымещать!'라고 한다. 이와 비슷한 표현으로는 'Не надо срываться на мне.'와 'отыгрываться на мне'가 있으니 알아두자. 동사 'вымещать – 분풀이하다'와 'вымешать – 섞다, 첨가하다'라는 동사가 발음이 비슷하게 들릴 수 있으니 조심하자.

Вдо́воль вы́спался.

M: За́втра суббо́та. На́до бы вдо́воль вы́спаться.
F: Оно́ того́ сто́ит. Экза́мены ведь зако́нчились.

*вдо́воль 충분히, 실컷   *вы́спаться 충분히 자다
*ведь 정말로(소사이기에 뜻을 안달고 표현만 하기도 함)   *зако́нчиться 끝내다

늦잠 잤어.

M: 내일은 토요일. 늦잠이나 실컷 자야지.
F: 그럴만해. 일주일간의 시험기간이 끝났으니.

[해설]

늦잠을 잤을 때 'Вдоволь выспался.'라고 한다. 늦잠 자다'라는 뜻으로 같이 사용 할 수 있
는 단어로는 혹은 비슷한 표현으로 'заспаться'를 사용하면 된다. 늦잠을 잘 상황이 아닌데
늦잠을 잤다고 하면 'проспаться'를 사용하면 된다.

[дополни́тельные выраже́ния]
*잠 꾸러기 соня
*불면증 бессоница

Про́сто ужа́сно за́нят.

F: Как дела́? Давне́нько мы с тобо́й вме́сте не обе́дали.

M: Да уж. В после́днее вре́мя я про́сто ужа́сно за́нят.
Нет да́же вре́мени сходи́ть пообе́дать.

*давне́нько 먼, 오래된 *вме́сте 함께 *обе́дать 점심식사하다

*в после́днее вре́мя 최근에 *ужа́сно 지독하게, 무섭게 *за́нят 바쁘다

*сходи́ть 다녀오다

바빠 죽을 지경입니다.

F: 요즘 잘 지내? 같이 점심 먹은 지도 오래 됐네.

M: 그러게. 그런데 요즘 바빠 죽을 지경이야. 밥먹으러 나갈 시간도 없거든.

[해설]

너무 바쁜 일상을 표현할 때 'Просто ужасно занят.'라고 한다. 'занят'는 단어미 형용사로서 격을 받지는 않지만 성과 시제는 받는다. 성을 받았을 때는 'занята(여), 'заняты(복)'이 되고 과거시제 일 때는 'быть'가 был(а)(и)로 미래일 때는 буду, будешь, будет, будем, будете, будут로 하면 된다.

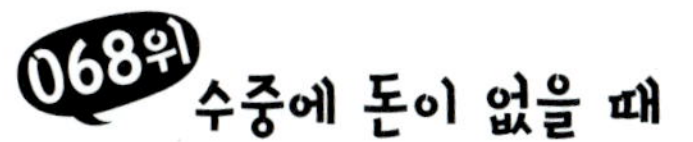

 수중에 돈이 없을 때

У меня́ нет ни копе́йки.

M1: По́сле банкро́тства ты что́-то совсе́м сдал.
M2: Да, у меня́ нет ни копе́йки, да́же еду́ купи́ть не́ на что.

*по́сле ~후에(생격) *банкро́тство 파산 *копе́йка 코페이카 *еда́ 음식
*да́же 심지어

돈 한푼도 없어.

M1: 파산하고나서, 너 너무 힘들어 보인다.
M2: 응, 난 돈 한푼도 없어, 밥값도 없을 정도야.

[해설]

수중에 돈이 없을 때 'У меня нет ни копейки.'라고 한다. 또 다른 표현으로는 'Я на мели.'와 'У меня ни рубля, ни копейки.'가 있다. 'мель'이라는 단어의 뜻이 '얕은 물'이란 뜻인데 '돈이 그만큼 밖엔 없다'라고 해서 '돈이 없다'라는 뜻으로 사용한다. 러시아어에서 'копейка'는 루블보다 더 작은 화폐단위의 이름이다. 한국식으로 말하면 '전' 미국식으로 말하면 '센트'인데 이 표현은 '1코페이카도 없다'라는 우리나라 표현 '한 푼도 없다'와 비슷하다.

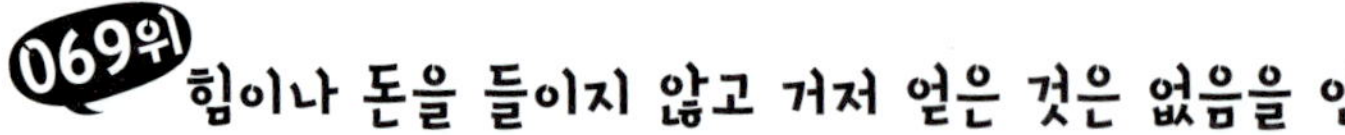

Беспла́тный сыр то́лько в мышело́вке!

M: Я вчера́ в суперма́ркете купи́л паке́т молока́ и второ́й мне да́ли в пода́рок. А когда́ я просмотре́л чек, то уви́дел, что запла́чено за о́ба паке́та молока́! Блин!

F: Вот и я о чём! Беспла́тный сыр то́лько в мышело́вке!

*беспла́тный 무료의 *сыр 치즈 *мышело́вка 쥐덫 *паке́т 봉지, 팩
*молоко́ 우유 *пода́рок 선물 *чек 영수증

세상에 공짜가 어딨어?

M: 어제 내가 마트에서 하나를 더 준다고 해서 우유를 샀는데 영수증을 보니 2개가 계산이 되어있더라구! 젠장!

F: 그러니깐! 세상에 공짜가 어딨냐구!

[해설]

힘이나 돈을 들이지 않고 거저 얻으려고 할 때 사람들은 세상에 공짜가 어디 있냐고 한다. 러시아 표현으로는 'Бесплатный сыр только в мышеловке!'이다. 이 표현을 직역해보면 '공짜치즈를 먹으려면 쥐덫에서만 먹을 수 있다'라고 표현한다. 이 표현은 한국어와 매우 비슷한 표현으로 'В этом мире нет ничего бесплатного.'도 표현할 수 있다.

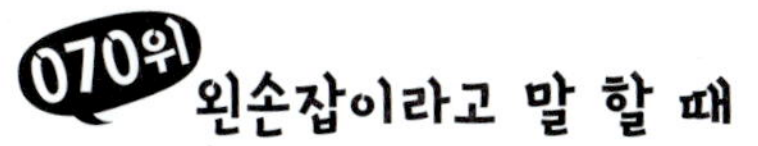

Я левша́.

F: Я левша́. У вас случа́йно нет гита́ры для левше́й?

M: В на́шем магази́не нет, сходи́те в сосе́дний.

*левша́ 왼손잡이 *случа́йно 혹시 *гита́ра 기타 *сходи́ть 다녀오다(가다)
*сосе́дний 옆

난 왼손잡이야!

F: 저 왼손잡이인데요. 혹시 왼속잡이용 기타있나요?

M: 저희집에 없습니다. 옆 가게 한번 가보세요.

[해설]

러시아 작가 중 레스코프라는 사람이 있는데 이 작가가 쓴 소설 중 '왼손잡이'라는 소설이 있다. 원래 왼손잡이라는 단어가 없었는데 이 후 생겨난 단어라고 볼 수 있다. 오른손 잡이는 'правша'라고 한다.

Не ходи́ нале́во!

F1: Ты что, ещё не за́мужем?
F2: Мужики́ то́лько что и де́лают, как нале́во хо́дят! Поэ́тому и не хочу́!

*за́мужем 시집가다 *мужи́к 남자

바람피우지 마!

F1: 넌 아직도 시집을 안갔니?
F2: 남자들이 바람피는게 싫어서 안간거야!

[해설]

러시아어에서 바람을 피울 때 'налево'라고 한다. 이 단어는 일반적으로 왼쪽이란 뜻으로 사람들이 더 많이 알고있다. 러시아 정교회에서 오른쪽 어깨는 수호천사이고 왼쪽어깨는 악마를 의미한다. 그래서 왼쪽으로 가게 되면 나쁜 짓을 하게 하게 하는 의미가 되었다. 또 다른 의미에서는 오른쪽이란 뜻의 의미가 '바른, 곧은, 올바른'이란 뜻을 가지고 있는 반면에 왼쪽이란 뜻의 의미는 '질이 나쁜, 약한, 부실한'으로 뜻을 가지고 있다. 그리하여 옆으로 샌다고 해서 바람을 피울 때 이 단어를 사용한다.

 강의 시간이 비었을 때

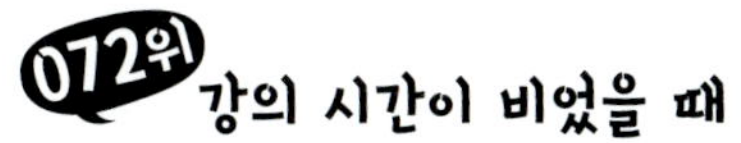

Сейча́с окно́.

F: Ты почему́ ещё не на па́ре?
M: У меня́ сейча́с окно́!

*па́ра 수업

지금 공강이야.

F: 왜 너 수업 안들어가고 여기 있어?
M: 나 지금 공강이야.

[해설]

러시아에서 강의 시간이 비었을 때 'окно'라고 한다. 러시아대학교는 시간표를 내가 짜지 않고 짜주는 시간대로 해야한다. 시간표를 짜서 벽에 붙여 놓는데 중간 중간 빈 시간이 보이는 게 마치 창문처럼 보인다고해서 공강이란 의미가 되었다.

 술을 너무 많이 마셔서 기억이 나지 않을 때

Вчера́ вы́рубился.

F: Ты что вчера́ де́лал? Я тебе́ звони́ла, а ты тру́бку не берёшь.

M: Я вчера́, про́сто вы́рубился, да́же не по́мню, как до до́ма добра́лся.

*тру́бка 수화기, 전화 *вы́рубиться 잠들다 *добра́ться 오다, 도달하다

어제 필름이 끊겼어.

F: 어제 저녁에 뭐했어? 전화했었는데 안받더라.

M: 나 어제 필름이 끊겼어. 집에 어떻게 들어왔는지도 모르겠어.

[해설]

술을 너무 많이 마셔서 기억이 나지 않을 때 'Вчера вырубился.'라고 한다. 이 표현은 술을 마시지 않을 때도 쓸 수 있다. 예를 들자면 '기억도 없이 잠이 들다'라고 할 때도 이 표현을 쓸 수 있다. 이것과 비슷한 표현은 'Набухался без памяти.' 혹은 'Напился без памяти.' 이다.

Он óчень упёртый.

F: Он óчень упёртый, и не рассчи́тывай егó переубеди́ть.

M: Да, я егó до посине́ния пыта́лся уговори́ть, но так и не получи́лось.

*упёртый 고집이 센, 외고집의 *рассчи́тывать 기대하다

*переубеди́ть 마음을 바뀌다, 무리하게 설득하다 *уговори́ть 설득하다

*получи́ться 얻어지다, ~결과로 되다

그는 앞뒤가 꽉 막혔어.

F: 그는 앞뒤가 꽉 막혔어. 설득하려고하는 생각은 포기해.

M: 응, 내가 정말 입이 닳도록 설득했는데 역시 실패했어.

[해설]

생각이나 행동 따위가 융통성이 없어 답답함을 느낄 때 'Он очень упёртый.'라고 한다. 이와 비슷한 표현으로 'упрямый'와 'твёрдолобый'라는 단어가 있다.

Опя́ть за своё?

F: Я опя́ть поссо́рилась с Ива́ном, из-за того́, что он предложи́л нам расста́ться.

M: Опя́ть за своё? Вы ми́рно жить не мо́жете?

∗поссо́риться 싸우다(С+조격) ∗расста́ться 헤어지다 ∗предложи́ть 제안하다
∗ми́рно 평화롭게, 조용히

왜 맨날 그 모양이니?

F: 난 또 이반하고 싸웠어, 걔가 헤어지자고 했거든.

M: 왜 맨날 그 모양이니? 너희들 좀 조용히 살 수 없니?

[해설]

어떠한 형편이나 꼴이 마음에 들지 않을 때 'Опять за своё?'라고 한다. 이와 비슷한 표현은 'опять двадцать пять'인데 앞에 있는 'опять'와 뒤에 있는 'пять'와 발음상 비슷하여 '맨날 그 모양이니' 혹은 '허구헌날 똑같니?'라는 뜻으로 쓰인다.

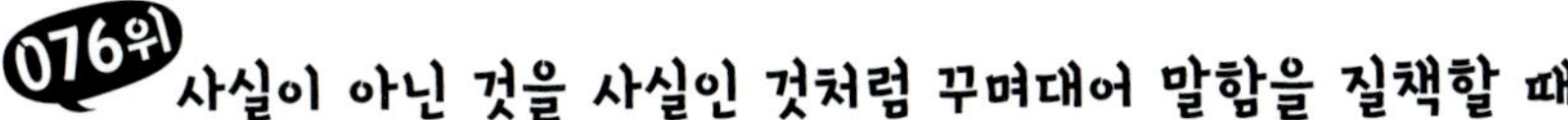

Ври хоть правдоподо́бней.

F: Тебе́ сло́жно пове́рить. Ври хоть правдоподо́бней.

M: Да ты что? Я говорю́ лишь пра́вду, ты меня́ не так поняла́.

*сло́жно 어렵다 *пове́рить 믿다 *правдоподо́бный 진실한, 그럴듯한
*лишь 오직 *хоть ~라도, ~이나 *врать 거짓말하다

입에 침이나 바르고 거짓말해라.

F: 너라는 사람은 정말 미덥지 않아, 입에 침이나 바르고 거짓말해라.

M: 내가 어디? 난 항상 바른말만 하거든, 네가 내 말을 잘못 이해하는거야.

[해설]

사실이 아닌 것을 사실인 것처럼 꾸며대어 말할 때 'Ври хоть правдоподобней.'이라고 한다. 우리나라 말은 '거짓말을 해도 입에 침이나 바르고 하라'고 하는 것처럼 러시아어는 '거짓말을 해도 좀 진짜처럼 하라'는 표현으로 쓰이고 있다.

В голове́ ве́ртится.

F: Отку́да Эрик?

M: Вот блин. Что́-то не могу́ вспо́мнить. В голове́ ве́ртится.

*вспо́мнить 기억해 내다, 생각해 내다 *верте́ться 빙빙돌다 *голова́ 머리

생각이 날듯말듯 해.

F: 에릭의 고향이 어디더라?

M: 아, 이런. 갑자기 생각이 안나네. 생각이 날듯말듯 해.

[해설]

말하고자 하는 대상의 단어, 명칭 등 적절한 표현이 생각이 날듯말듯 할 때 'В голове вертится.'라고 한다. 다시 말해 이 표현은 '머리 안에서 빙글빙글 돈다'라는 의미로 사용하고 있다.

Она́, ока́зывается, вертихво́стка!

F: Ты зна́л, что Софи́я встреча́ется с двумя́ сра́зу?

M: Она́, ока́зывается, вертихво́стка! До́лго э́то не мо́жет продолжа́ться, ско́ро пра́вда вы́йдет нару́жу.

＊ока́зываться ～한 상태이다 ＊вертихво́стка (구어체) 교태부리는 여자, 말괄량이

＊продолжа́ться 지속되다, 계속되다 ＊нару́жу 밖으로

걔 양다리 걸쳤어!

F: 소피야가 두 남자랑 사귀고 있는거 알아?

M: 걔 양다리 걸쳤구나! 아마 오래가지 못하고, 탄로날거야.

[해설]

양다리를 걸쳤을 때 'Она, оказывается, вертихвостка.'라고 한다. 여기서 'вертихвостка'라는 단어는 여자만 쓰는 단어인데 '이 남자 저남자를 만나는 여자'로 쓰인다. 그래서 흔히 양다리 걸친다는 표현을 이 표현으로 사용 할 수 있다. 'выйдет'는 '나가다'라는 뜻이고 'наружу'는 '밖으로'라는 뜻인데 두 단어가 합쳐지면 'выйдет наружу'로 '드러나다' 즉, '탄로나다'라는 뜻이다.

기분 좋은 분위기를 놓치기 싫을 때

Не будь зану́дой!

F: Уже́ по́лночь, мне пора́.

M: Не будь зану́дой! Мо́жешь же оста́ться ещё на па́ру часо́в!

*по́лночь 자정　*пора́ ~할 시간이다　*зану́да 흥을 깨는 사람
*оста́ться 남다, 머무르다　*па́ра 둘, 쌍

분위기 깨지마!

F: 벌써 자정이잖아! 나 이제 가야돼.

M: 분위기 깨지마! 한 두시간은 더 있을 수 있잖아!

[해설]

기분 좋은 분위기를 놓치기 싫을 때 'Не будь занудой!'라고 하는데 'зануда'라는 뜻은 분위기를 깨는 사람이라는 뜻으로 '분위기 깨는 사람은 되지마'라고 해석할 수 있다.

Давáй лýчше скúнемся на двоúх.

M: Я расплачýсь.

F: Дороговáто получáется. Давáй лýчше скúнемся на двоúх.

*расплатúться 계산하다 *лýчше 더 좋은, 차라리(хорóший의 비교급)

*скúнуть 내려 던지다, 놓다

분담해서 내자. (더치페이하자)

M: 오늘 내가 낼게.

F: 그러기엔 너무 비싼 것 같은데. 분담해서 내자.

[해설]

식비따위를 각출해서 내고자 원할 때 'Давай лучше скинемся на двоих.'라고 한다. 이 표현은 '두명이서 돈을 내자'라는 표현으로 만약 세명이면 'на троих'로 사용하면 된다. 그래서 더치페이하자라는 표현으로 사용한다. 또 다른 표현으로는 'Давай лучше разделим пополам.'인데 이것은 말 그대로 '반씩 내자'라는 표현이다.

081위 그냥 둘러보는 거예요.

082위 무료서비스 입니다.

083위 여기 그런 분 안계신데요.

084위 너무 바빠서 정신이 하나도 없어.

085위 맙소사!

086위 이거 돈 모아서 샀어.

087위 피부가 장난이 아닌데!

088위 괜한 걱정했네요.

089위 바겐세일을 하고 있어요.

090위 난 음치야.

091위 입맛이 당기지 않네요. (밥맛 떨어지다)

092위 핑계대지 마.

093위 정말 대단해!

094위 운이 좋군!

095위 말해봤자 소용없어. 시간낭비야!

096위 싼게 비지떡

097위 옷이 날개다.

098위 폐를 끼쳐드려 죄송해요.

099위 배보다 배꼽이 더 크다니깐!

100위 지금 전화받기 곤란해.

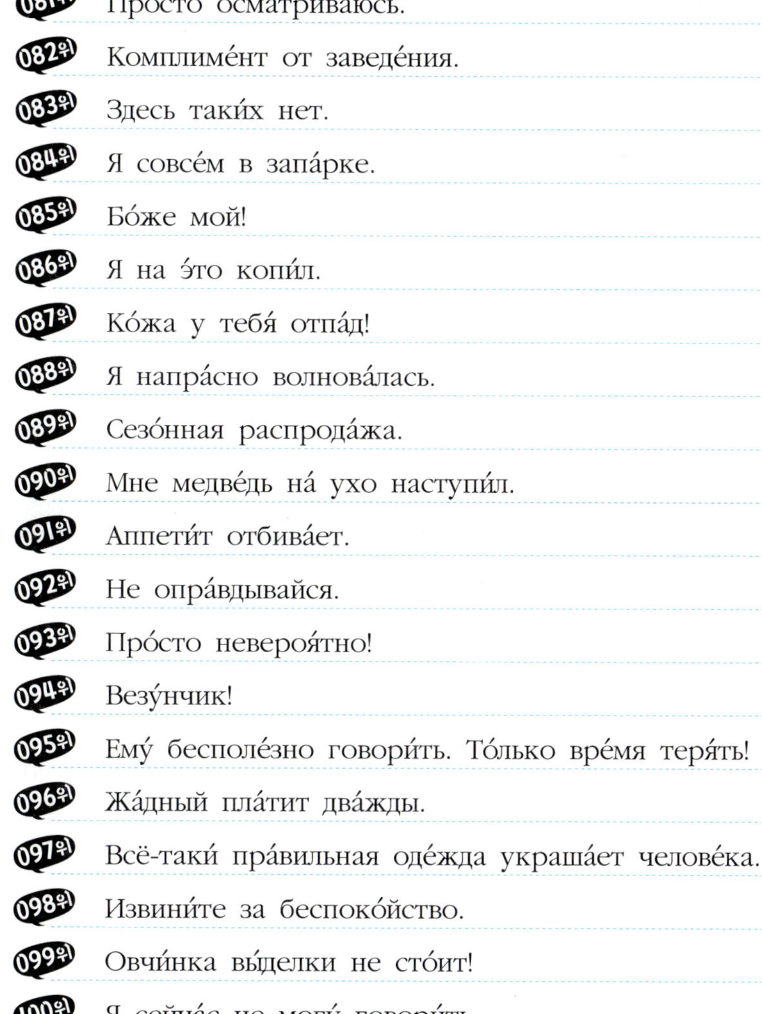

081위 Про́сто осма́триваюсь.

082위 Комплиме́нт от заведе́ния.

083위 Здесь таки́х нет.

084위 Я совсе́м в запа́рке.

085위 Бо́же мой!

086위 Я на э́то копи́л.

087위 Ко́жа у тебя́ отпа́д!

088위 Я напра́сно волнова́лась.

089위 Сезо́нная распрода́жа.

090위 Мне медве́дь на́ ухо наступи́л.

091위 Аппети́т отбива́ет.

092위 Не опра́вдывайся.

093위 Про́сто невероя́тно!

094위 Везу́нчик!

095위 Ему́ бесполе́зно говори́ть. То́лько вре́мя теря́ть!

096위 Жа́дный пла́тит два́жды.

097위 Всё-таки́ пра́вильная оде́жда украша́ет челове́ка.

098위 Извини́те за беспоко́йство.

099위 Овчи́нка вы́делки не сто́ит!

100위 Я сейча́с не могу́ говори́ть.

Про́сто осма́триваюсь.

F1: Мне ка́жется, вам о́чень пойду́т э́ти штаны́!
     Попро́буйте приме́рить.
F2: Спаси́бо, не на́до, я про́сто осма́триваюсь.

*штаны́ 바지 *попро́бовать 시도하다
*приме́рить 재다, 입어보다, 치수를 맞추어 보다 *про́сто 그냥, 그저
*осма́триваться 둘러보다

그냥 둘러보는 거예요.

F1: 손님, 이 바지 정말 잘 어울리실 것 같은데, 한번 입어보세요.
F2: 아니에요, 전 그냥 둘러보는 거예요.

[해설]
별다른 목적없이 구경할 때 'Просто осматриваюсь.'라고 한다. 'смотреть' 동사에서
접두사 'О'가 붙어져 뜻이 '둘러보다'라는 뜻이 된 것이다. 여기서 접두사 'О'의 뜻은 '표면, 주
위' 등에 대한 동작의 뜻을 의미한다.

[дополни́тельные выраже́ния]
*우회하다, 피해가다 обойти
*묘사하다 описать

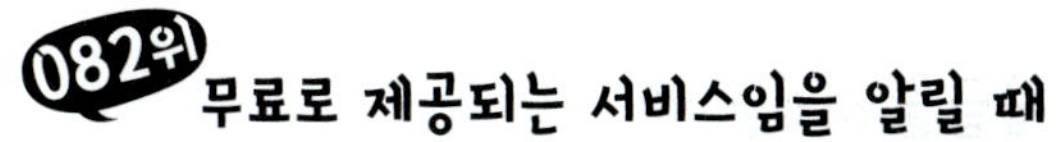

M: Сего́дня в честь Дня Свято́го Валенти́на мы пригото́вили для вас буке́т роз. Комплиме́нт от заведе́ния.

F: Пра́вда? Очень краси́вые! Спаси́бо!

＊честь + (생격) ~를 위한, ~을 기념하여
＊День Свято́го Валенти́на 발렌타인 데이　＊буке́т 다발

무료서비스 입니다.

M: 오늘 발렌타인데이를 위해 특별히 장미꽃을 준비했습니다. 무료서비스 입니다.

F: 정말요? 너무 예쁘다! 고맙습니다!

[해설]

의미자체가 무료서비스라는 표현은 아니지만 이 표현은 무료로 제공되는 서비스임을 알릴 때 'Подарок от заведения.'라고 한다. 'заведение'라는 단어가 시설, 기관의 뜻으로 '저희 기관에서 주는 선물이다'라는 표현으로 사용된다.

Здесь таки́х нет.

F: Алло́, позови́те к телефо́ну Ива́на Миха́иловича.

M: Извини́те, здесь таки́х нет. Вы оши́блись но́мером.

＊позва́ть 부르다　＊ошиби́ться 실수하다, 잘못걸다

여기 그런 분 안계신데요.

F: 여보세요. 이반 미하일로비치씨를 바꿔주시겠어요?

M: 죄송하지만, 여기 그런 분 안 계신데요. 착각하신 것 같네요.(잘못거신 것 같네요.)

[해설]

누군가 엉뚱한 사람을 찾아서 없다고 표현할 때 'Здесь таких нет.'라고 한다. 꼭 전화통화에 뿐만 아니라 어떤 상황에서도 엉뚱한 사람을 찾을 때 이와 같은 표현을 쓸 수 있다. 단, 엉뚱한 사람을 찾을 때만 사용할 수 있다. 만약 부재 중인 사람에게 사용한다면 없는 존재가 되어버릴 수 있으니 잘 사용하자. 사람이 아닌 사물이 없다고 표현하고 싶다면 'такого нет'라고 말하면 된다.

084위 정신없이 바쁠 때

Я совсе́м в запа́рке.

F: Ты что мельтеши́шь?

M: Я совсе́м в запа́рке.

*мельтеши́ть 귀찮게 눈앞에 아른거리다 *запа́рка 바쁨

너무 바빠서 정신이 하나도 없어.

F: 왜 그렇게 허둥지둥하니?

M: 너무 바빠서 정신이 하나도 없어.

[해설]

정신없이 바쁠 때 혹은 허둥지둥 할 때 'Я совсем в запарке.'라고 한다. В+전치격 표현으로 무엇을 하는 중에 있다라는 표현이다. 바쁘다는 표현은 윗 표현 이외에 'занят(а), (ы)'라는 표현도 있으니 참고하자.

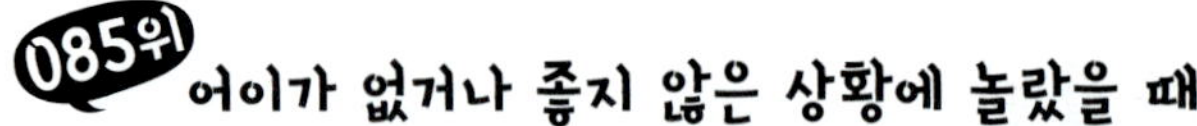

Бóже мой!

M: Мам! Я нечáянно разбúл твою любúмую чáшку.
F: Бóже мой! Как так?!

*нечáянно 우연히, 모르고, 실수로 *разбúть 깨다 *любúмый 좋아하는
*чáшка 찻잔

맙소사!

M: 엄마! 엄마가 좋아하는 찻잔을 실수로 깼어요.
F: 맙소사! 어떻게?!

[해설]

어이가 없거나 좋지 않은 상황에 놀랐을 때 러시아인들은 'Бóже мой!'라고 한다. 한국어로 번역하면 '맙소사!'가 되고 영어로 표현하면 'Oh, my God!'이 된다. 이것과 비슷한 표현으로는 'О Бóже!'와 'Гóсподи!'라는 표현이 있다.

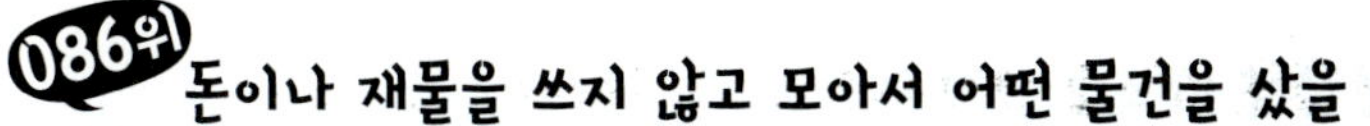

 돈이나 재물을 쓰지 않고 모아서 어떤 물건을 샀을 때

Я на э́то копи́л.

F: Это твоя́ но́вая маши́на? Очень краси́вая!

M: Маши́на подде́ржанная, я на неё копи́л.

＊подде́ржанный 중고의, 헌　＊копи́ть 모으다

이거 돈 모아서 샀어.

F: 이거 새로산 차야? 너무 예쁘다!

M: 이거 중고차야, 그리고 돈 모아서 샀어.

[해설]

돈이나 재물을 쓰지 않고 모아서 어떤 물건을 샀을 때 'Я на неё копил(а).'라고 한다. 'копиться'는 '모이다, 축적되다'라는 뜻으로 사용한다.

[дополни́тельные выраже́ния]

＊저금하다 копить деньги

＊화를 억누르다 копить злобу

＊중고 б/у（бывшего употребления）

Ко́жа у тебя́ отпа́д!

F1: Ко́жа у тебя́ отпа́д! Поде́лишься секре́том?

F2: Никако́го секре́та нет, я про́сто веду́ здоро́вый о́браз жи́зни.

*отпа́д (명)떨어짐 (отпадать동사에서 파생) *поде́литься 나누다, 분할하다, 쪼개다

*секре́т 비밀 *вести́ 처신하다 *здоро́вый 건강한 *о́браз 모습, 방법

피부가 장난이 아닌데!

F1: 너 피부 장난 아닌데! 무슨 비결이라도 있어?

F2: 비결은 무슨, 규칙적이고 바람직한 생활을 하는 것 외엔.

[해설]

피부가 굉장히 좋다는 표현을 할 때 'Ко́жа у тебя отпад!'라고 한다. 문장 상 해석하자면 해석이 안될 수 있는 표현이라고 할 수 있는데 러시아식으로 표현하자면 '너의 피부가 너무 좋아 (내가) 넘어갈 정도로'라고 하면 좀 이해가 쉬울 듯 하다.

 어떤 일에 대한 자신의 걱정이 기우였음을 알았을 때

Я напра́сно волнова́лась.

F: Вы прекра́сно спра́вились! Я напра́сно волнова́лась.

M: На са́мом де́ле, я то́же так волнова́лся, поэ́тому и был осторо́жен.

*напра́сно 괜히, 헛되이, 쓸데없이 *спра́вились 처리하다, 해내다
*на са́мом де́ле 실제로, 정말로 *волнова́ться 걱정하다 *осторо́жен 신중하다

괜한 걱정했네요.

F: 이번 일을 당신이 그렇게 훌륭하게 해냈는데 제가 괜한 걱정했네요.

M: 사실 처음엔 저도 걱정했어요. 그래서 더 신중을 기했죠.

[해설]

어떤 일에 자신이 괜한 걱정을 했다고 생각했을 때 'Я напрасно волновалась.'라고 한다. 상황에 따라 같은 뜻으로 들릴 수 있는 '걱정하다'라는 동사가 있다 'беспокоиться'와 'волноваться'라는 동사인데 첫 번째 동사는 '걱정을 하다, 마음에 졸이다'라는 뜻으로 사용하고 두 번째는 '흥분하다, 진정하다, 걱정하다'라는 동사로 나눌 수 있다.

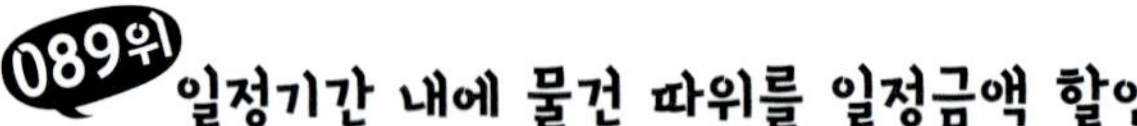

Сезóнная распродáжа.

M: Сегóдня, в канýн Рождествá, в супермáркете сезóнная распродáжа. Пойдём что-нибýдь кýпим.

F: Нас же не бýдет в бýдни дóма. Должнó и так хватúть.

*канýн 전일, 이브 *Рождествó 크리스마스 *распродáжа 세일
*бýдни (복)평일 *хватúть 잡다, 손에 넣다

바겐세일을 하고 있어요.

M: 오늘 크리스마스이브라서 슈퍼마켓에서 바겐세일을 하고 있어.
우리 가서 뭘 좀 더 사자.

F: 근데 우리 주중엔 집에 없을 거잖아. 그러니까 더 살 필요없어.

[해설]

일정기간 내에 물건 따위를 일정금액 할인해서 판매할 때 'сезонная распродажа'라고 한다. 우리나라말로 하면 시즌세일이지만 같은 의미로 사용 할 수 있다.

[дополнúтельные выражéния]
*세일 скидка
*재고정리 ликвидация товара

 소리에 대한 음악적 감각이나 지각이 매우 무디어 음을 바르게 인식하거나 발성하지 못하는 사람

Мне медве́дь на́ ухо наступи́л.

F: Пойдём за́втра ве́чером в карао́ке?
M: Не пойду́. Мне медве́дь на́ ухо наступи́л.

*карао́ке 노래방 *медве́дь 곰 *у́хо 귀 *наступа́ть 시기가 오다, 때가 오다

난 음치야.

F: 내일 저녁에 우리 노래방에 갈까?
M: 안가, 난 음치야.

[해설]

소리에 대한 음악적 감각이나 지각이 매우 무뎌서 음을 바르게 인식하거나 발성하지 못하는 사람을 일명 음치라고 하는데 러시아어는 관용표현으로 'Мне медведь на ухо наступил.' 이렇게 사용하고 있다. 비슷한 표현으로는 'У меня нет слуха.'라고 표현할 수 있다.

 마음에 들지않는 어떤 대상으로 인해 식욕이 떨어질 때

Аппети́т отбива́ет.

M: Что за за́пах? Че́м-то воня́ет.

F: Пря́мо аппети́т отбива́ет. Дава́й переся́дем.

*за́пах 냄새 *воня́ть 악취를 풍기다 *аппети́т 입맛, 식욕

*отбива́ть 없애 버리다, 잃게하다 *пересе́сть 옮겨서 앉다

입맛이 당기지 않네요. (밥맛 떨어지다)

M: 이게 무슨 냄새야! 심한 악취가 나는군!

F: 그러게 정말로 밥맛 떨어지네. 테이블(자리) 바꾸자.

[해설]

마음에 들지않는 어떤 대상으로 인해 식욕이 떨어질 때 'Аппетит отбивает.'라고 한다. 한국어 말 그대로 표현하고 있다. 일반적으로 식욕이 없다거나 밥맛이 없다고 할 때는 'У меня нет аппетита.'라고 하면 된다.

 잘못한 일에 대하여 이리저리 돌려 말하는 구차한 변명을 할 때

Не опра́вдывайся.

M: Да, я потеря́л твой телефо́н, но там бы́ло сто́лько наро́ду…

F: Не опра́вдывайся. Это непрости́тельно.

*потеря́ть 잃어버리다 *сто́лько 그만큼, 그렇게 *наро́д 사람들, 민중
*опра́вдываться 변명하다, 핑계를 대다
*непрости́тельно 용서할 수 없다, 용납할 수 없다

핑계대지 마.

M: 내가 네 전화를 잃어버린 건 사실이지만, 거긴 사람들이 정말 많았다구.

F: 핑계대지 마. 용서할 수 없어.

[해설]

잘못한 일에 대하여 이리저리 돌려 말하는 구차한 변명을 할 때 'Не оправдывайся.'라고 한다. 핑계를 대거나 변명 하지마라고 했을 때 러시아어는 같은 표현이니 잘 알아두자.

Про́сто невероя́тно!

F: В э́том году́ то́же он вы́играл путеше́ствие по Фра́нции. Про́сто невероя́тно!

M: Уже́ седьмо́й раз подря́д. Он всё-таки како́й-то осо́бенный.

*вы́играть 승리하다, 따다 *путеше́ствие 여행 *невероя́тно 믿을 수 없다
*подря́д 연속, 연이어 *осо́бенный 특별한

정말 대단해!

F: 올해에도 그는 프랑스일주 여행권에 당첨됐대. 정말 대단해!

M: 벌써 연속 일곱 번째야. 그는 보통 사람들과는 달라.

[해설]

출중하게 뛰어난 사람 또는 사물에 대해 감탄 하고자 할 때 'Про́сто невероя́тно!'라고 한다. 이것과 비슷한 표현으로는 'класс!', 'замеча́тельно!'가 있다. 러시아어는 play동사 'игра́ть'로 사용하는 의미가 많다. 그중에서도 게임이나 경기에서 '지다 проигра́ть', '이기다 вы́играть'라는 단어도 다 'игра́ть' 동사에서 파생된 것이다.

Везу́нчик!

F: Ты вы́играл в лотере́ю? Везу́нчик!
M: Ха-ха, не зави́дуй, и тебе́ повезёт когда́-нибудь.

*везу́нчик 운이 좋은 사람 *зави́довать 부러워하다 *повести́ 운이 좋다, 뜻하다

운이 좋군!

F: 복권 당첨 됐다며? 운이 좋군!
M: 하하, 부럽지, 모든 사람들이 다 행운을 타고 날 순 없잖아?

[해설]

뜻밖의 기분 좋은 일이 생긴 경우 사람을 부를 때 'Везунчик!'라고 한다. 이 단어는 'повести' 라는 단어에서 파생된 것이다.

Ему́ бесполе́зно говори́ть. То́лько вре́мя теря́ть!

M: Он опя́ть взял мой mp3 (эм-пэ-три) пле́йер? И как так мо́жно!

F: Ему́ бесполе́зно говори́ть. То́лько вре́мя теря́ть!

*опя́ть 또 다시 *пле́йер 플레이어(player) *бесполе́зно 보람 없다, 소용 없다
*теря́ть 잃다, 잃어버리다, 낭비하다

말해봤자 소용없어. 시간낭비야!

M: 걔가 또 내 허락없이 mp3 플레이어 가져갔어? 걔 정말 안되겠구나!

F: 말해봤자 소용없어. 시간낭비야!

[해설]

아무런 쓸모나 득이 될 것이 없을 때 'Ему бесполезно говорить. Только время терять!'라고 한다. '말해봤자 소용없다'는 비슷한 표현으로는 '말할 가치가 없어 – Не стоит говорить.'라고도 표현 할 수 있고 '시간낭비야'라는 것도 '시간이 아까워 – время просто жалко'라고 말 할 수 있다.

Жа́дный пла́тит два́жды.

F: Вида́л? Купи́ла э́ти боти́нки всего́ ме́сяц наза́д, а подо́шва уже́ отвали́лась.

M: А что ты хоте́ла за таку́ю це́ну. Жа́дный пла́тит два́жды.

＊подо́шва 신발밑창　＊отвали́ться 떨어지다, 벗겨지다　＊жа́дный 구두쇠, 인색한
＊два́жды 2배

싼게 비지떡

F: 내 신발 봤어? 한달 전에 샀는데, 벌써 신발 밑창이 떨어졌어.

M: 가격대비 그럴만도 하네. 싼게 비지떡이야.

[해설]

싼 물건은 그 만큼 품질도 떨어짐을 비유적으로 'Жадный платит дважды.'라고 한다. 이 표현은 인색하게 행동하거나 싸게 산 물건은 두배로 갚아야 한다는 뜻으로 이해하면 된다. 'жадный'와 같은 표현으로 'скупой'를 사용 할 수 있다.

Всё-таки пра́вильная оде́жда украша́ет челове́ка.

M: Эта оде́жда тебя́ про́сто преобрази́ла.

F: Всё-таки пра́вильная оде́жда украша́ет челове́ка.

＊оде́жда 옷 ＊преобрази́ть 바꿔놓다, 변형시키다 ＊пра́вильный 정확한
＊украша́ть 꾸미다, 장식하다 ＊челове́к 사람

옷이 날개다.

M: 이 옷을 입으니 완전히 달라 보이네.

F: 옷이 날개야.

[해설]

옷이 좋아 사람이 돋보일 때 'Всё-таки правильная одежда украшает человека.'라고 표현한다. 문장을 직역해 보자면 '정확한 옷이 사람을 돋보이게 한다'라는 뜻으로 쓰였다. 이것과 아주 비슷한 표현으로 'Не одежда украшает человека, а человек украшает одежду.'이다.

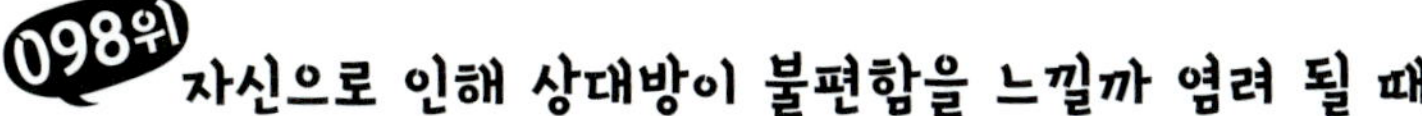

Извини́те за беспоко́йство.

M1: Прошу́ проще́ния. Извини́те за беспоко́йство.
M2: Ничего́, мы вхо́дим в ва́ше положе́ние.

*проси́ть 빌다　*проще́ние 용서, 사과　*беспоко́йство 염려, 폐, 걱정
*положе́ние 상황, 상태　*входи́ть 되다, ~상태가 되다

폐를 끼쳐드려 죄송해요.

M1: 지금 너무 미안해요. 폐를 끼쳐드려 죄송해요.
M2: 괜찮아요. 우린 당신의 처지를 이해해요.

[해설]

러시아인들은 이상하게도 미안하거나 윗 상황처럼 폐를 끼친다는 표현을 좋아하지는 않아 다른 표현에 비해 다양하지는 않다. 혹시라도 필요하다면 이렇게 사용해 보자. 자신으로 인해 상대방이 불편함을 느낄까 염려 될 때 'Извините за беспокойство.'라고 한다. 그 이외에도 'Мне даже неудобно.'라는 표현도 있으니 알아두자.

Овчи́нка вы́делки не сто́ит!

F: Ми́ша! У тебя́, что маши́на опя́ть полома́лась?

M: Да вот, как ви́дишь, подде́ржанная маши́на - э́то как овчи́нка вы́делки не сто́ит!

*полома́ться 고장나다 *подде́ржанная маши́на 중고차 *овчи́нка 양가죽
*вы́делка 가공, 제작, 완성

배보다 배꼽이 더 크다니깐!

F: 미샤! 자동차 또 고장났어?

M: 그러니깐 중고차를 사면 배보다 배꼽이 더 크다니깐!

[해설]

주된 것보다 딸린 것이 더 클 때 혹은 주된 것보다 많이 지출이 될 때 'Овчинка выделки не стоит!'라고 한다. 이 표현은 러시아는 양고기가 흔한 나라이다. 흔한만큼 당연히 양가죽도 싸서 완성하는 것이 더 비싸다. 그래서 '양가죽은 가공할 가치도 없어'라고 표현하고 있다.

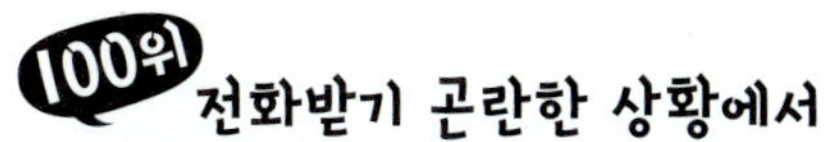 **전화받기 곤란한 상황에서**

Я сейча́с не могу́ говори́ть.

M: Я сейча́с за рулём, не могу́ говори́ть.
F: Тогда́ позвони́ при пе́рвой возмо́жности. Это сро́чно.

＊руль 핸들 ＊возмо́жность 가능성 ＊сро́чно 급하다

지금 전화받기 곤란해.

M: 나 지금 운전 중이야, 전화받기 곤란해.
F: 그럼 가능할 때 전화해줘. 급한 일이거든.

[해설]
전화받기 곤란한 상황에서 혹은 전화가 아니라도 말하기 곤란한 상황이라면 'Я сейчас не могу говорить.'라고 한다. 이와 아주 비슷한 표현으로는 'Мне сейчас неудобдо говорить.'도 있다.

101위 여기서 드실 건가요? 아니면 포장인가요?

102위 신용카드로 할게요.

103위 넌 정말 까다로워.

104위 이 집에서 잘하는 게 뭐죠?

105위 스트레스 어떻게 푸세요?

106위 새해 복 많이 받으세요!

107위 아직 이상형을 찾는 중이야.

108위 저 열혈 팬이에요.

109위 그럴 리가 없어.

110위 오늘 저기압이야.

111위 제 말이 그 말이에요.

112위 이건 내가 주는 작은 선물이야.

113위 어리석게 굴지 마.

114위 그런 기대 하지 마.

115위 개 생각하면 지금도 가슴이 아프다.

116위 타고 난거야.

117위 난 이거 못 하겠어!!

118위 너희 아무 도움도 안되잖아!!

119위 한 입만 줄래?

120위 좀 싱겁네.

101위 Вам с собо́й и́ли здесь бу́дете есть?

102위 Креди́тной ка́ртой.

103위 Ну ты и привере́да.

104위 Что в э́том заведе́нии са́мое вку́сное?

105위 Как вы бо́ретесь со стре́ссом?

106위 С Но́вым Го́дом!

107위 Я всё ещё ищу́ свой идеа́л.

108위 Я фана́т до гро́ба.

109위 Не мо́жет быть.

110위 Сего́дня что́-то не в ду́хе.

111위 Вот и я о том же.

112위 Вот небольшо́й пода́рок от меня́.

113위 Не будь таки́м ребёнком.

114위 Не наде́йся.

115위 Мне до сих пор бо́льно о ней вспомина́ть.

116위 Это у меня́ от рожде́ния.

117위 Я не смогу́ э́того сде́лать!

118위 Здесь от вас нет никако́го то́лка!

119위 Мо́жно хоть кусо́чек?

120위 То́лько немно́го пре́сно.

 식당에서 주문한 음식의 포장 여부를 물을 때

Вам с собо́й и́ли здесь бу́дете есть?

F: Вам с собо́й и́ли здесь бу́дете есть?
M: С собо́й. Заверни́те, пожа́луйста.

*заверну́ть 포장하다, 싸다

여기서 드실 건가요? 아니면 포장인가요?

F: 여기서 드실 건가요? 아니면 포장인가요?
M: 가져갈게요. 싸 주세요.

[해설]

식당에서 주문한 음식의 포장 여부를 물을 때 'Вам с собой или здесь будете есть?' 라고 한다. 영어에서 일명 'take out'의 의미로 러시아어에서 'себя'의 뜻은 '자기자신'이고 'с' 는 '를 가지고'의 의미가 합쳐져 '자신이 들고 간다'는 의미로 나타낼 수 있다. 가져가겠다는 말 을 할 때는 'С собой, пожалуйста.'라고 간단하게 말해도 된다.

신용카드로 지불하고자 할 때

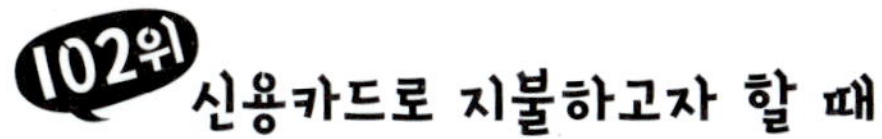

Креди́тной ка́ртой.

M: Бу́дете плати́ть нали́чными и́ли ка́ртой?
F: Креди́тной ка́ртой. Мо́жно в рассро́чку?

*нали́чные 현찰, 현금 *креди́тная ка́рта 신용카드 *рассро́чка 할부

신용카드로 할게요.

M: 손님, 현금으로 하시겠습니까? 신용카드로 하시겠습니까?
F: 신용카드로 할게요. 할부도 되나요?

[해설]

신용카드로 지불하고자 할 때 'креди́тной ка́ртой' 혹은 'по креди́тной ка́рте'라고 하면 된다. 러시아 지역이나 혹은 CIS지역은 안되는 지역이 있을 수 있으니 꼭 물어보는 게 좋다. 러시아어에서 'ка́рта'는 많은 뜻이 있다. 이 단어의 뜻은 '지도, 카드, 회원증, 도면'이라는 뜻을 가지고 있으니 알아두자. 동일한 뜻으로는 'У меня безнали́чный расче́т.'이 있는데 여기서 'безнали́чный расче́т'은 'non-cash payment' 즉, 비 화폐적 수단의 결제라는 사전적 의미를 지닌다. 따라서 저는 돈 이외의 지불수단을 가지고 있어요! 즉, 카드로 내겠다는 뜻이 되는 것이다.

[дополни́тельные выраже́ния]
*잔돈 ме́лочь
*거스름 돈 зда́ча

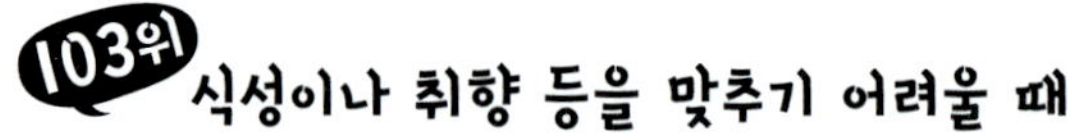

Ну ты и привере́да.

M: Не бу́ду ово́щи, съём то́лько говя́дину.
F: Ну ты и привере́да.

*ово́щ 야채 *говя́дина 쇠고기 *привере́да 까다로운 사람

넌 정말 까다로워.

M: 난 야채는 안 먹어, 쇠고기만 먹어.
F: 넌 정말 까다로워.

[해설]

식성이나 취향 등을 맞추기 어려울 때 'привередливый 까다로운'이란 단어를 사용하는데 거기에서 파생된 까다로운 사람을 'привереда'라고 한다. 이것과 비슷한 단어는 'капризный'라는 단어를 사용해도 된다.

[дополни́тельные выраже́ния]
*닭고기 | курица
*돼지고기 | свинина
*양고기 | баранина

 식당에서 잘하는 요리를 물을 때

Что в э́том заведе́нии са́мое вку́сное?

M: Что вы нам мо́жете посове́товать? Что в э́том заведе́нии са́мое вку́сное?

F: У нас о́чень вку́сный шашлы́к.

M: Нам шашлы́к, пожа́луйста.

*посове́товать 조언하다, 추천하다   *са́мый 가장   *вку́сный 맛있는

이 집에서 잘하는 게 뭐죠?

M: 우리한테 추천해 줄 만한 음식 있나요? 이 집에서 잘 하는게 뭐죠?

F: 우리 식당은 샤슬릭이 정말 맛있습니다.

M: 우리 그걸로 할게요.

[해설]

식당에서 잘하는 요리를 물을 때 'Что в этом заведении самое вкусное?'라고 한다. 여기서 'заведение'는 굳이 한국말로 번역을 하자면 '기관'으로 번역이 되는데, 본 예문에서는 '식당'의 의미를 지니게 되는 것이다. 동일한 표현으로 'фирменное блюдо', 'блюдо от шефповора'가 있는데, 번역을 해 보자면 '이 식당의 특별식(specialty)'와 '주방장의 추천 메뉴' 정도로 생각하면 될 듯 싶다.

Как вы бо́ретесь со стре́ссом?

M: Как вы бо́ретесь со стре́ссом? В чём ваш секре́т?

F: Нет никако́го секре́та. По утра́м я занима́юсь спо́ртом. Хоти́те в сле́дующий раз ко мне присоедини́ться?

＊секре́т 비밀　＊боро́ться 싸우다, 투쟁하다　＊присоедини́ться 합류하다

스트레스 어떻게 푸세요?

M: 스트레스 어떻게 푸세요? 좋은 방법은 있으세요?

F: 별거 없어요, 난 아침마다 운동을 좀 하거든요, 다음에 같이 갈래요?

[해설]

스트레스 해소법을 물을 때 'Как вы боретесь со стрессом?'라고 한다. 러시아어로 직역을 한다면 '어떻게 스트레스와 싸우고 있나요?'라고 해석하면 된다. 러시아어에서 'бороться' 동사는 C+조격을 받는 동사이니 참고하자. 혹은 снимать동사를 사용하여 '스트레스를 제거시키다'라는 표현으로도 쓸 수 있다. 이때 снимать동사는 대격 지배를 하기 때문에 'Как вы снимаете стресс?'라고 표현한다.

[дополни́тельные выраже́ния]

＊C+조격 받는 동사

만나다 встречаться	이별하다 расставаться
논쟁하다 ссориться	통성명하다, 인사하다 знакомиться

 새해 인사 말

С Но́вым Го́дом!

F: Юра! С Но́вым Го́дом! С но́вым сча́стьем!
M: Спаси́бо! Пусть э́тот год принесёт сча́стье в ваш дом!

＊принести́ 가지고 오다 ＊сча́стье 행복

새해 복 많이 받으세요!

F: 유라! 새해 복 많이 받고 행복해!
M: 고마워, 올해에는 너희 가정도 행복하길 바래!

[해설]

러시아에서 새해 인사로 언제나 등장하는 대사 'С Новым Годом.'이다. 연말이 되면 서점에서 파는 연하장에도 이 문구가 적혀있으며, 길거리 어디에서든지 이 문구를 볼 수 있다. 마치 한국에서 '근하신년'이라는 문구를 곳곳에서 볼 수 있는 것처럼 말이다. 일반적으로 대화에서는 'С Новым Годом.'이라고 말을 하면 너무 짧고 심심하니 뒤에 'С новым счастьем.'을 덧붙여서 리듬감을 주기도 한다. 이 인사는 새해가 온 이후에만 할 수 있는 인사이다. 만약 12월달에 마지막으로 보는 사람에게 새해 인사를 하고 싶다거나 다가 올 새해를 미리 인사하고 싶다면 'С наступающим Новым Годом. – 새롭게 다가올 한 해를 위하여!'라고 인사를 하면 된다.

현재 주변에 없는 이상적인 배우자를 만나려고 여기저기를 뒤지거나 살필 때

Я всё ещё ищу́ свой идеа́л.

F: Когда́ же и ты найдёшь свою́ любо́вь?
M: Я всё ещё ищу́ свой идеа́л.

*найти́ 찾다, 발견하다 *иска́ть 찾다, 탐색하다 *идеа́л 이상, 이상형

아직 이상형을 찾는 중이야.

F: 대체 너의 사랑은 어디에 있는거니?
M: 난 아직 이상형을 찾는 중이야.

[해설]

이상적인 배우자를 만나려고 여기저기를 뒤지거나 살필 때 'Я всё ещё ищу свой идеал.' 이라고 한다. 한국에서 '나의 반쪽은 어디에...' 하면서 이야기를 하는데 러시아어도 'моя вторая половинка 나의 반쪽'이라는 비슷한 표현으로 사용한다. 러시아에서 '찾다'라는 단어를 찾게 되면 найти와 искать가 나오는데 한국인이 오류가 날 수 있는 부분이 많으니 짚고 넘어가자. найти 동사는 '찾다, 발견하다'라는 뜻으로 목적이 확실한 대상을 말한다. искать 동사의 경우는 '찾다, 탐색하다, 뒤지다'라는 뜻으로 사용하고 있다. 찾지 못했던 것 혹은 숨겨진 물건 등을 발견했을 때는 이 동사를 사용한다. 만약 '내가 어제 좋은 어플을 찾았지'라고 러시아어로 번역을 한다면 둘 중 어떤 단어를 사용할 지 생각해 본다면 답은 두번째 искать 동사를 사용하는게 맞다.

 어떤 대상(운동선수, 배우, 가수등)을 열렬하게 좋아하게 좋아하는 사람

Я фана́т до гро́ба.

F: Что?! Ты простоя́л всю ночь в о́череди за биле́тами на конце́рт PSY?

M: Ну да, я же его́ обожа́ю. Он кла́ссный. Я фана́т до гро́ба.

*простоя́ть 계속해서 서 있다 *о́чередь (여)차례 *конце́рт 콘서트
*обожа́ть 열렬히 사랑하다 *фана́т 팬, 광 *гроб 관

저 열혈 팬이에요.

F: 뭐라구? 싸이공연 티켓을 사려고 밤새 줄서서 기다렸다고?

M: 그럼, 난 그를 정말 좋아하거든. 너무 멋져. 열혈 팬이야.

[해설]

어떤 대상을 열렬하게 좋아하는 사람을 '팬, 광 фанат'라고 한다. фанат футбола는 축구 팬 혹은 축구광이다. 여기에 열혈 팬이라고 표현 한다면 러시아어에서는 '관에 들어가기 전까지'라는 표현을 붙여 열혈 팬이라는 표현을 하고 있다. 또 스포츠 게임의 특정한 팀을 응원한다고 말할 때는 'болеть за + 대격'을 사용하여 표현을 한다. 박지성이 있던 맨체스터를 응원한다고 말할 때는 'болеть за Манчестер'라고 하면 된다.

109위 어떤 행동을 다른 사람이 오해해서 사실이 아니라고 강조할 때

Не мо́жет быть.

M: Ты зна́ешь, что в э́тот раз переводи́ть конфере́нцию пору́чено Ма́ше?

F: Не мо́жет быть. Вчера́ ве́чером нача́льник ли́чно поручи́л э́то мне.

*переводи́ть 통역하다, 번역하다 *конфере́нция 회의 *ли́чно 직접
*поручи́ть(пору́чен) 맡기다

그럴 리가 없어.

M: 이번 회의 통역은 마샤가 맡게되는 거 알고 있어?

F: 그럴 리가 없어. 어제 저녁에 사장님께서 분명히 나보고 하라고 말씀하셨는데.

[해설]

어떤 행동을 다른 사람이 오해해서 사실이 아니라고 강조할 때 'Не мо́жет быть.'라고 한다. 이것과 비슷한 상황에서는 'Как же так!'을 사용할 수 있다. 또한 'Да ладно!'라고 하여 '말도 안돼'라고 말할 수도 있다.

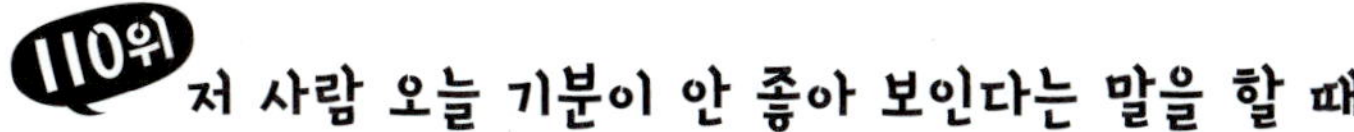

저 사람 오늘 기분이 안 좋아 보인다는 말을 할 때

Сегодня что́-то не в ду́хе.

F: С нача́льником сего́дня что́-то не так, с у́тра злой, на всех орёт!

M: Да, он сего́дня что́-то не в ду́хе.

*ора́ть ~에게 소리치다(на + 대격) *злой 화가 난, 악한 *дух 영혼

오늘 저기압이야 .

F: 사장님이 뭔가 좀 이상해, 아침부터 화가 나있고, 모두에게 소리를 지르잖아!

M: 맞아. 오늘 뭔가 기분이 안 좋은가봐(저기압인가봐).

[해설]

내가 아닌 다른 사람의 기분이 영 좋아 보이지 않거나, 화가 난 것 같을 때 쓸 수 있는 표현이 'не в духе'라고 한다. 좀 더 자세히 말하면, 왜 그 사람이 기분이 나쁜지 이유는 알 수 없지만, 보기에 별로 안 좋다는 것이 확실할 때 이 표현을 쓰는 것이다. 즉 기분이 나쁜 상태라는 것이니 'в плохом настроении'라고 해도 된다. 하지만 자기 스스로에게 'Я не в духе.'라고 말을 하는 경우는 드물다.

Вот и я о том же.

M1: На́до бы нам не́сколько дней отдохну́ть, а то уже́ три ме́сяца без про́дыху рабо́таем.

M2: Вот и я о том же. На́до бы нам отдохну́ть.

*без про́дыху (부) 짧은 휴식

제 말이 그 말이에요.

M1: 내 생각에 우리 며칠 쉬어야 할 것 같아, 벌써 석 달간 야근 했잖아.

M2: 내 말이 그 말이야. 우린 좀 쉬어야 해.

[해설]

내가 하고 싶었던 말을 남이하여 그 말에 동의 할 때 'Вот и я о том же.'라고 한다. 이와 비슷한 표현으로는 'Вот что я и говорю.' 혹은 'И не говори!'가 있다.

 감사나 존경등의 마음을 작게나마 표현 하고자 할 때

M: Вот небольшо́й пода́рок от меня́. Наде́юсь, тебе́ понра́вится.

F: Так неудо́бно! Спаси́бо, ты меня́ растро́гал.

*пода́рок 선물 *надея́ться 희망하다, 바라다 *неудо́бно 불편하게
*растро́гать 감동하다

이건 내가 주는 작은 선물이야.

M: 이건 내가 주는 작은 선물이야. 네가 좋아했으면 좋겠다.

F: 받기 쑥스러운데, 고마워. 감동인걸.

[해설]

감사나 존경등의 마음을 작게나마 표현 하고자 할 때 'Небольшой подарок от меня.' 라고 한다 이런 상황과 비슷한 표현으로 '내 마음이야'라고 할 때 'Небольшой подарок от души.'라고 한다.

Не будь таки́м ребёнком.

F: Не будь таки́м ребёнком, ты что ду́маешь, ты ей понра́вишься?

M: Эх, ничего́ не поде́лаш, я же её люблю́.

*поде́лать 어떤 일을 하다. 행하다

어리석게 굴지 마.

F: 어리석게 굴지 마, 그런 여자애가 너를 좋아할거라고 생각해?

M: 아휴, 그래도 어쩔 수 없어, 난 그녀를 정말 사랑하니까.

[해설]

어떤 사람이 행동이나 말로 슬기롭지 못하고 둔하게 굴 때 'Не будь таким ребёнком.' 이라고 한다. 즉 아기같이 굴지말라는 표현이다. 여기서 таким은 별다른 의미는 없으나 러시아인들이 습관적으로 넣어서 사용하기도 하는 단어다. 이와 비슷한 표현으로는 'глупый'는 '어리석은'이란 뜻이다. 말 그대로 '어리석게 굴지 마'라고 할 때 'Не глупи', 'Не поступай так глупо.'라고 한다.

114위 실현 가능성이 적은 어떤일이 이루어지기를 바라고 기다릴 때

Не наде́йся.

M: Ты что ду́маешь, он запла́тит за тебя́? Он же жмот. И не наде́йся.

F: Все так говоря́т, но на э́тот раз, ка́жется, он и впра́вду за меня́ запла́тит.

*угости́ть 대접하다 *жмот 구두쇠, 수전노 *каза́ться ~라고 생각하다
*впра́вду 확실히, 참으로

그런 기대 하지 마.

M: 걔가 너한테 밥 사줄꺼라고 생각해? 그는 구두쇠야. 그런 기대 하지 마.
F: 모두들 그렇게 말하지만 이번엔 진짜인 것 같아.

[해설]

실현 가능성이 적거나 혹은 어떤 일이 이루어지기를 바라고 기다릴 때 'не наде́йся'라고 한다. 윗 상황과 비슷한 표현으로는 '생각도 하지도 마 – не ду́май'라고도 할 수 있다.

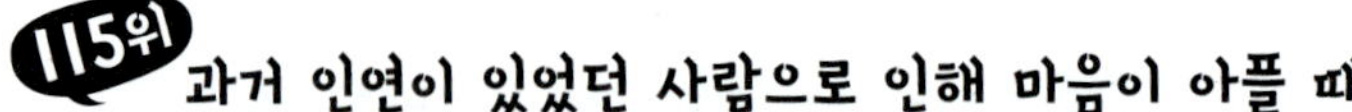

Мне до сих пор бо́льно о ней вспомина́ть.

M: Мне до сих пор бо́льно о ней вспомина́ть.

F: Не на́до, не убива́йся ты так. Тебе́ пора́ залечи́ть свои ра́ны.

*до сих пор 지금까지 *вспомина́ть 기억하다, 회상하다
*убива́ться ~을 괴로워하다, 슬퍼하다 *залечи́ть 고치다, 아물게 하다
*ра́на 상처, 아픔

걔 생각하면 지금도 가슴이 아프다.

M: 걔 생각하면 지금도 가슴이 아프다.

F: 너무 미련하게 굴지 마, 그럴 필요가 없어, 넌 예전 상처 속에서 빠져 나와야 돼.

[해설]

과거 인연이 있었던 사람으로 인해 마음이 아플 때 'Мне до сих пор больно о ней вспоминать.'이라고 한다. 사귈 뻔 하다가 그냥 스쳐 지나가버리는 관계 혹은 이루어 질 뻔 했으나 무언가가 잘 맞아 떨어지지 않아서 스쳐지나간 관계에 대해서는 'мимолётные отношения'라는 표현도 있다. '비껴서 날아간 관계'라는 표현이 된다.

116위 자신의 능력을 상대에게 뽐낼 때

Это у меня́ от рожде́ния.

M: Невероя́тно! Как ты так бы́стро усва́иваешь но́вый материа́л?

F: Это у меня́ от рожде́ния. За́видно?

*невероя́тно 믿지지 않게, 믿을 수 없게 *усва́ивать 습득하다, 통달하다
*рожде́ние 출생 *за́видно 부럽게, 탐나게

타고 난거야.

M: 와 대단하다. 어떻게 그렇게 빨리 배운거야?

F: 타고 난거야, 부럽지?

[해설]

자신의 능력을 상대에게 뽐낼 때 'Это от рождения.'라고 한다. '태어날 때부터 잘 한다'
라는 뜻으로 이 표현을 쓰고 있다.

[дополни́тельные выраже́ния]
*생일 день рождения

117위 자신이 감당하기 어려운 어떤 일을 해야할 때

Я не смогу́ э́того сде́лать!

M: Я не смогу́ э́того сде́лать. Не смогу́! Это не в мои́х си́лах.

F: Не бо́йся, никто́ кро́ме нас с тобо́й об э́том не узна́ет. Да и мы же ничего́ плохо́го не де́лаем.

＊сил 힘 ＊боя́ться 무서워하다, 두려워하다 ＊кро́ме ～를 제외하고 (생격)

난 이거 못 하겠어!!

M: 나 정말 이거 못 하겠어. 못 하겠다구. 그건 내 능력 밖이야.

F: 걱정마, 너랑 나밖에 몰라. 그리고 우리가 나쁜 짓하는 건 아니잖아.

[해설]

자신이 감당하기 어려운 어떤 일을 해야할 때 'Я не смогу этого сделать.'이라 한다. '죽어도 못하겠다!'라는 매우 강력하게 못하겠음을 표현하는 말이다. 비슷한 표현으로는 'Я так не могу.'라고 해도 된다.

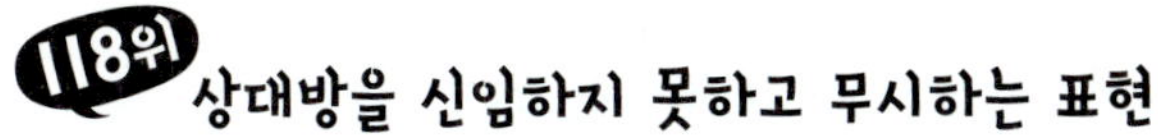

Здесь от вас нет никакóго тóлка!

F: Идúте лýчше тудá, здесь от вас нет никакóго тóлка!

M: Ты что так свысокá с людьмú разговáриваешь?
Потóм пожалéешь.

*толк 해석, 의미, 보람 *свысокá 깔보듯이, 오만하게 *пожалéть 후회하다

너희 아무 도움도 안되잖아!!

F: 너희들은 저리 가 있어, 너희 아무 도움도 안되잖아!!

M: 왜 사람을 깔보고 그래? 언젠간 너 후회 할거다.

[해설]

상대방을 신임하지 못하고 무시하는 표현으로 'Здесь от вас нет никакого толка.' 라고 한다. 이와 동일한 관용표현으로는 '너희에게 도움이 나오는 것은, 숫염소에서 염소 젖이 나오는 꼴이지'라고 말을 하여 'От вас помощи, как от козла молока.'라고 표현을 하기도 한다.

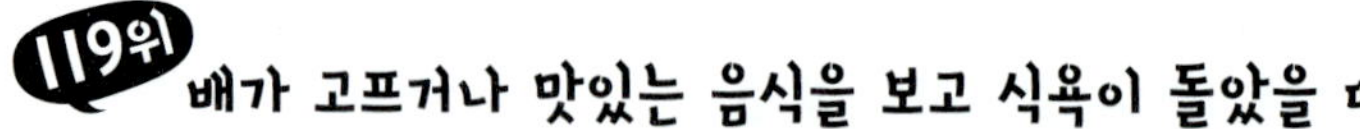

Мóжно хоть кусóчек?

M: Мам, я ужáсно гóлоден, мóжно хоть кусóчек?
F: Не дам. Дождúсь, покá все придýт.

*ужáсно 무시 무시하게 *гóлоден 배고픈, 허기진
*дождáться ~까지 기다리다, 고대하다 *кусóчек 한입, 소량, 조각

한 입만 줄래?

M: 엄마, 나 배고파 죽겠어, 한 입만 줄래?
F: 안돼. 사람들이 다 오면 먹어야 돼.

[해설]

배가 고프거나 맛있는 음식을 보고 식욕이 돌았을 때 'Мóжно хоть кусóчек?'라고 한다. '배고파서 죽겠어'는 'ужáсно голоден'이라고 표현한다. 러시아인들이 좀 더 과장하여 'Я сейчас так голоден, что даже мамонта смог бы съесть.'라고 말을 하는데 번역하면 '나 지금 배가 아주 많이 고파서 순식간에 다 먹을 수 있을 것 같아'라는 뜻이다. 혹은 голодный как волк (собака)라고 하여 '늑대(개)처럼 배고파'라고도 한다.

음식따위가 제 맛이나지 않고 몹시 싱겁다라고 할 때

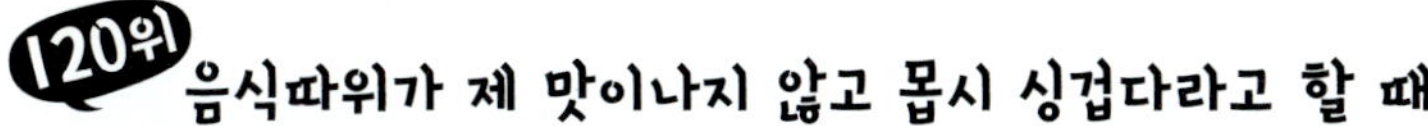

Только немного пресно.

F: Попробуй, это моё новое блюдо. Как тебе?
M: Ничего, только немного пресно.

*блюдо 음식 *пресно 싱겁다

좀 싱겁네.

F: 맛 좀 봐봐. 새로운 요리야. 어때?
M: 괜찮네, 근데 좀 싱겁네.

[해설]

만약 음식이 간이 덜 되어서 '싱겁다'라는 의미로 사용을 하려면 'пресно'라고 말을 할 수 있다. 'пресно'에 대한 사전적 의미를 보면 '소금을 넣지 않았거나, 부족하여 제 맛이 나지 않는 상태'라고 하고 있다. 단지 짠 맛이 부족해서가 아니라, 어딘지 모르지만 맛이 좀 부족하다고 느껴질 때 '무엇인지 모르지만 무언가 부족해 – чего-то не хватает'라고 하면 된다.

순위	표현
121위	감기 기운이 좀 있어.
122위	목이 쉬었어.
123위	체중조절 좀 해야겠어.
124위	그동안 하나도 안 변했구나.
125위	언제 한 번 보자.
126위	함께해서 정말 즐거웠어요.
127위	넌 인간 쓰레기야!
128위	프러포즈 할거니?
129위	내 컴퓨터가 다운됐어.
130위	그 동안 고마웠어.
131위	말 빙빙 돌리지마.
132위	너 왜 이렇게 겁쟁이냐!
133위	늘 그런식이지.
134위	밤새 뒤척였어.
135위	그만해! 그만두지 못해!
136위	그는 밥만 축낸다.
137위	쓸데없는 말 집어치워!
138위	무서워 죽을 뻔했어.
139위	마음만 먹으면 뭐든지 할 수 있어.
140위	왜 그렇게 망설이니.

121 Мне нездоро́вилось.

122 Охри́п.

123 На́до бы бы́ло следи́ть за свои́м ве́сом.

124 Ты совсе́м не измени́лась.

125 На́до бы нам как-нибу́дь собра́ться.

126 Бы́ло прия́тно вме́сте порабо́тать.

127 Ты про́сто отбро́с о́бщества!

128 Ты собира́ешься сде́лать ей предложе́ние?

129 У меня́ полете́л компью́тер.

130 Спаси́бо за всё.

131 Не ходи́ вокру́г да о́коло.

132 Что ты тако́й трус!

133 Ну как всегда́!

134 Всю ночь не спало́сь.

135 Переста́нь! Прекрати́!

136 Он про́сто безде́льник, то́лько во́здух копти́т.

137 Хва́тит уже́ ерунду́ городи́ть!

138 Чуть не у́мер от стра́ха.

139 Сто́ит то́лько захоте́ть, и всё полу́чится.

140 Не тяни́ рези́ну.

 감기가 걸릴 것처럼 몸에 기운이 없을 때

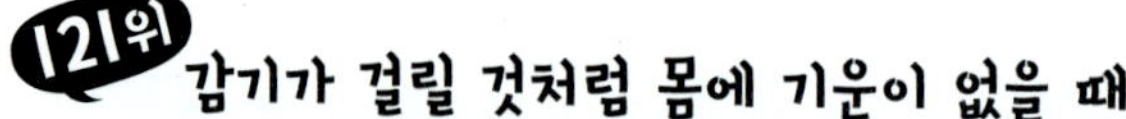

Мне нездоро́вилось.

F: Ты почему́ у́тром не пришёл в шко́лу?
M: Мне нездоро́вилось, и я оста́лся до́ма.

＊нездоро́виться 건강이 나쁘다, 불편하다　＊оста́ться 남다, 머물다

감기 기운이 좀 있어.

F: 아침에 왜 학교에 안 왔어?
M: 감기 기운이 좀 있어서 집에서 쉬었거든.

[해설]
감기가 걸릴 것처럼 몸에 기운이 없을 때 'Мне нездоровилось.'라고 한다. 이와 비슷한 표현으로는 'Мне было плохо.'라고 말을 할 수도 있다. '건강'이라는 단어는 없지만 일반적으로 이렇게 사용하기도 한다.

[дополни́тельные выраже́ния]
＊감기가 들다, 걸리다 простудиться
＊감기 простуда
＊독감 грипп
＊코감기 насморк

 목청에 탈이나서 목소리가 거칠고 맑지않게 되었을 때

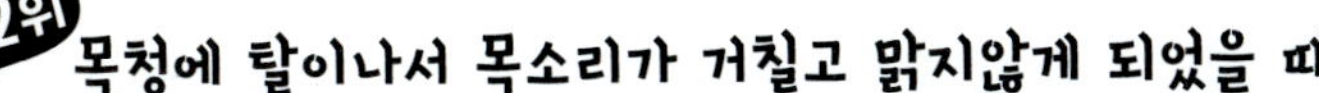

Охри́п.

M: Сего́дня це́лый день вёл ле́кции и в конце́ концо́в охри́п.

F: Рабо́та преподава́теля намно́го сложне́е, чем ка́жется на пе́рвый взгляд.

*охри́ппнуть 목이 쉬다, 목소리가 잠기다   *в конце́ концо́в 결국, 마침내
*преподава́тель 강사   *сло́жно 어렵게, 복잡하게
*на пе́рвый взгляд 얼핏 보아서

목이 쉬었어.

M: 오늘 하루종일 강의해서 결국 목이 쉬었어.

F: 사람들이 생각하는 것과는 달리, 선생님이란게 정말 쉽지는 않아.

[해설]

목을 많이 사용하여 탈이나 목소리가 거칠고 맑지 않게 되었을 때 목이 쉬었다라는 표현은 охри́пнуть 동사를 사용한다. 다른 표현으로는 '목소리를 잃어버렸다'라는 우스갯 소리로 'го́лос пропа́л'이라고도 사용한다.

На́до бы бы́ло следи́ть за свои́м ве́сом.

M: Во вре́мя бере́менности жены́ и я набра́л вес. На́до бы бы́ло следи́ть за свои́м ве́сом.

F: Не взду́май, сейча́с как раз то, что на́до. Уж о́чень ты худо́й был.

＊во вре́мя ～중에(생격) ＊бере́менность 임신 ＊набра́ть 상승하다
＊следи́ть 뒤따르다, 감시하다 ＊взду́мать 문득 생각나다 ＊как раз 딱, 바로
＊худо́й 마른

체중조절 좀 해야겠어.

M: 와이프(아내) 임신 기간 중에 나도 살이 많이 쪘어. 체중조절 좀 해야겠어.
F: 아니야, 지금이 딱 보기좋아. 그 전엔 너 좀 말랐었어.

[해설]

다이어트를 해서 원래 체중으로 돌아가는 것을 '자신의 체중을 뒤따른다'라는 식으로 표현하여 'следить за своим весом'이라고 표현한다. 이와 비슷한 표현으로는 'надо было сесть на диету'도 있다. следить동사의 뜻은 '미행하다, 뒤따르다'라는 뜻이다. 정말 많은 뜻으로 쓰이는데 그 중에서 우리가 흔히 영화에서 '미행한다'라고 할 때에도 'Она следила за нами.'라는 식으로 следить за + 조격 형태의 표현을 자주 들을 수 있다.

오랜만에 만난 사람의 모습이 과거의 모습과 큰 변화가 없거나 또는 그렇게 보인다고 칭찬의 의도로 말할 때

Ты совсе́м не измени́лась.

M: Сто лет тебя́ не ви́дел. Ты совсе́м не измени́лась.
F: Пра́вда? Я же постаре́ла, морщи́ны появи́лись.

*измени́ться 변하다 *постаре́ть 늙다, 나이를 먹다 *морщи́на 주름
*появи́ться 나타나다, 보이기 시작하다

그동안 하나도 안 변했구나.

M: 오랫동안 못 봤는데 그동안 하나도 안변했구나.
F: 그래? 나 많이 늙었어, 얼굴에 주름이 많아졌잖아.

[해설]

오랜만에 만난 사람의 모습이 과거의 모습과 큰 변화가 없거나 또는 그렇게 보인다고 칭찬의 의도로 말할 때 'Ты совсем не изменилась.'라고 한다. 러시아는 여자들을 칭찬해 주는 표현이 정말 다양하다. 그 중에 칭찬을 해주는 표현으로 'Ты совсем не изменилась, всё цветёшь и пахнешь.'를 붙여 '너 하나도 안 변했구나, 여전히 꽃처럼 아름답고 향이 나'라고 하는 칭찬의 표현이 있다.

Нáдо бы нам как-нибýдь собрáться.

M1: Давнó не вúделись. Нáдо бы нам как-нибýдь собрáться.
M2: Отлúчно, как насчёт зáвтра пóсле рабóты?
Пойдём куда-нибýдь вúпьем?

*собрáться 모으다, 집합 시키다 *насчёт ～에 관하여 *вúпить 술을 마시다

언제 한 번 보자.

M1: 다들 오랜만이다. 언제 한 번 보자.
M2: 좋아, 내일 저녁 퇴근한 후에 어때? 나가서 한잔 할래?

[해설]

오랫동안 만나지 못한 친구들과 만남을 청할 때 'Нáдо бы нам как-нибудь собраться.' 라고 한다. собраться라는 동사는 '함께 모이다'라는 의미를 지니고 있으며, 이와 동의어로 'встретиться'를 대신 넣어서 써도 된다. 이와 비슷한 표현으로는 'Надо бы нам всем вместе посидеть. – 우리 모두 다 함께 자리에 앉아야 해.'라는 표현도 있다.

 공동으로 어떠한 업무를 성공리에 마쳐 마음이 흐뭇하고 기쁠 때

Было приятно вместе поработать.

M: Месяц упорного труда наконец-то увенчался успехом.
F: Да, вот и всё. Было приятно вместе поработать.

*упо́рный 집요한, 강경한, 끈질긴   *труд 노동, 일   *наконе́ц 결국, 드디어
*увенча́ться 완성하다   *успе́х 성공

함께해서 정말 즐거웠어요.

M: 한달의 노력 끝에 우리 드디어 성공했다.
F: 그래, 드디어 끝났다, 함께해서 정말 즐거웠어.

[해설]
어떠한 업무를 성공리에 마쳐 마음이 흐뭇하고 기쁠 때 'Было приятно вместе работать.'라고 한다. '함께 (일을) 해서 즐거웠다'라는 표현을 할 때 'вместе работать' 대신 '함께 일하다'라는 의미를 지닌 'сотрудничать'를 사용해도 된다.

Ты про́сто отбро́с о́бщества!

F: Ты про́сто отбро́с о́бщества! Ка́ждый день буха́ешь.

M: Отста́нь! Разворча́лась тут.

*отбро́с 폐기물, 쓰레기 *о́бщество 사회 *буха́ть 술을 마시다
*разворча́ться 잔소리하다

넌 인간 쓰레기야!

F: 그래, 넌 인간 쓰레기야! 맨날 술이나 마시고 다니고.

M: 신경끄셔! 잔소리 참 많네.

[해설]

아무 쓸모도 없는 사람을 속되게 이르는 표현으로 'Ты просто отброс общества!'라고 한다. 'отброс'는 '폐기물, 쓰레기'라는 뜻이고 'общество'는 '사회'라는 뜻이다. 즉 '사회 암적 존재' 혹은 '사회적 쓰레기'라는 뜻으로 우리말로는 '인간 쓰레기'가 된다. 'отстань'은 '신경 꺼'라는 의미로 쓸 수 있으며, 동의어인 'отвали'라는 동사가 있는데 이것은 좀 더 강한 어감을 가지고 있다.

Ты собира́ешься сде́лать ей предложе́ние?

F: Что? Ты собира́ешься сде́лать ей предложе́ние?

M: Да, хоть и прошло́ всего́ три ме́сяца, но ду́маю, э́того доста́точно.

*предложе́ние 제안, 신청 *хоть 비록~ 지만 *доста́точно 충분하게
*пройти́ 지나가다, 지내다

프러포즈 할거니?

F: 뭐? 프러포즈 할거니?

M: 그래, 비록 알게된지 3개월 밖에 안됐지만, 충분하다고 생각해.

[해설]

좋아하는 대상에게 프러포즈를 할지 물을 때 'Ты собираешься сделать ей предложение?'라고 한다. '프러포즈'라는 단어를 러시아어로 'предложение'라는 단어를 사용한다. 같은 표현으로 'предложение руки и сердца'가 있는데 동화나 영화에서 보면 공주에게 청혼을 하는 남자들이 한 손은 가슴에 얹고 한 손을 공주에게 내미는 그 장면에서 많이 나오는 표현이다.

[дополни́тельные выраже́ния]
*신혼여행 свадебное путешествие
*결혼 свадьба, брак
*부부 супруги

У меня́ полете́л компью́тер.

M: У меня́ полете́л компью́тер. Похо́же, подхвати́л ви́рус.

F: Мы же на про́шлой неде́ле антиви́русную програ́мму установи́ли, ты ра́зве не знал?

*полете́ть 날라가다 *подхвати́ть 발견하다, 걸리다 *ви́рус 바이러스
*антиви́русная програ́мма 항바이러스 프로그램 *ра́зве 정말, 진짜
*установи́ть 설치하다, 확인하다

내 컴퓨터가 다운됐어.

M: 내 컴퓨터가 다운됐어, 바이러스에 걸린 것 같아.

F: 지난 주에 그 백신 프로그램 작동 하라고 했었는데, 모르고 있었어?

[해설]

컴퓨터에 있는 데이터나 작업 중이던 정보가 날아가거나 컴퓨터가 작동되지 않을 때 'У меня́
полетел компьютер.'라고 한다. 이와 유사한 표현으로 '컴퓨터가 먹통이 되어 반응이
없는 상태'를 나타낼 때에는 зависать 동사를 사용하여, 'Мой компьютер завис.'라
고 말할 수 있다. зависать 동사는 일반적으로 '둥둥 떠있다' 혹은 '매달려 있다'라는 의미를
지니지만 컴퓨터와 관련된 경우에는 '꼼짝하지 않다'라는 의미로 사용이 되며 매우 자주 쓰이
는 표현이다. компьютер를 줄여서 комп이라고 하고, Lap-top 컴퓨터를 한국과 똑같이
ноутбук이라고 하는데 이것을 ноут이라고 줄여서 표현을 하기도 한다.

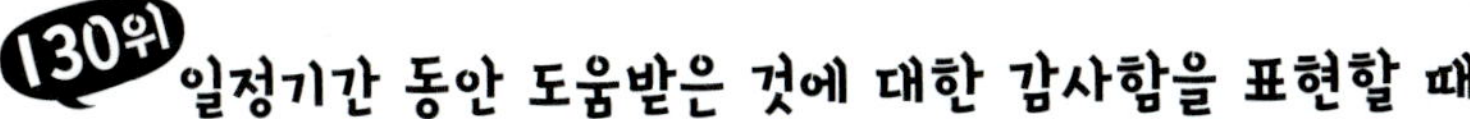

Спаси́бо за всё.

F: Ты мне о́чень помо́г в э́тот раз, спаси́бо за всё.

M: Не за что. Если что, звони́ без колеба́ний. Я с ра́достью тебе́ помогу́.

*колеба́ние 머뭇거림, 주저 *ра́дость 기쁨

그 동안 고마웠어.

F: 이번 일 네가 정말 큰 도움이 됐거든, 그 동안 고마웠어.

M: 별것 아니야, 다음에도 이런 일이 있으면 주저하지 말고 나한테 전화해.
기꺼이 도와줄게.

[해설]

일정기간 동안 도움받은 것에 대한 감사함을 표현할 때 혹은 굳이 감사함을 표현하고 싶다면 'спаси́бо за всё'라고 하면된다. 영어에서도 thank you for이라고 표현하는 것처럼 러시아어는 за + 대격형을 사용한다. спаси́бо와 같은 표현으로 'благодари́ть'를 사용할 수 있다.

Не ходи́ вокру́г да о́коло.

M: Не ходи́ вокру́г да о́коло. Ко́ли есть, что сказа́ть, говори́ пря́мо.

F: Хорошо́. Тогда́ скажу́ всё как есть. То́лько не серди́сь!

*вокру́г 라운드, 주위에서　*ко́ли(коль) 만약(= если)　*серди́ться 화내다

말 빙빙 돌리지 마.

M: 말 빙빙 돌리지 마. 무슨 할 말이 있으면 솔직하게(단도직입적으로) 말해!

F: 알았어. 그럼 내가 솔직하게 말해준다. 듣고나서 화내면 안돼!

[해설]

본론으로 들어가지 못하고 빙빙 돌려가며 말하는 사람들에게 영어로 'Don't beat around the bush'라고 하는 것과 마찬가지 표현이 있다. 러시아어로는 '주위에서 빙빙 돌지만 마!'라는 식으로 표현을 하여 'Не ходи вокруг да около.'라고 한다.

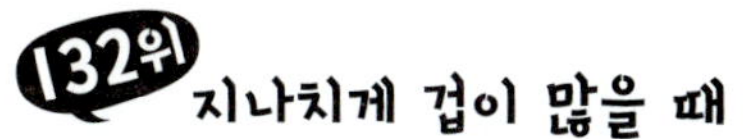

지나치게 겁이 많을 때

Что ты такóй трус!

M: Я боюсь темноты́. Мóжешь побы́ть со мной?

F: Что ты такóй трус!

*темнотá 어두움   *боя́ться 두려워하다, 무서워하다   *трус 겁쟁이

너 왜 이렇게 겁쟁이냐!

M: 어두움이 무서워. 내곁에 있어 주면 안돼?

F: 너 왜 이렇게 겁쟁이냐!

[해설]

지나치게 겁이 많은 사람을 보고 'Что ты такой трус!'라고 한다. 여성형은 'Что ты такая трусиха!'이다. 남성/여성 구분 없이 'трусишка'라고 사용한다.

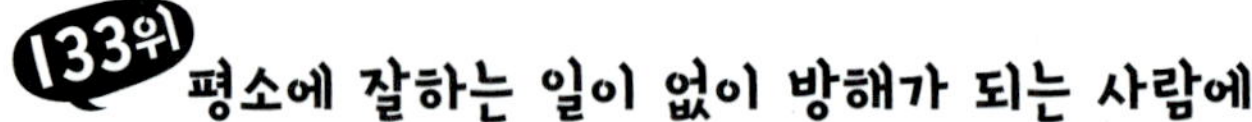

Ну как всегда́!

M: Ну вот! Опя́ть он напорта́чил. Всё вре́мя рабо́тает ко́е-как.

F: Ну как всегда́. С тобо́й он не сравни́тся, па́па.

∗сравни́ться 비교하다 ∗напорта́чить 일을 망치다

늘 그런식이지.

M: 그는 또 잘못했어. 그는 한번도 진지하게 일해 본적이 없어.

F: 늘 그런식이지. 아버지보다 나을리가 없지.

[해설]

평소에 잘하는 일이 없이 방해가 되는 사람에게 'Ну как всегда!'라고 한다. репертуар 는 흔히 우리가 말하는 '래퍼토리'를 지칭한다. 'В своем репертуаре.'라고 하는 것은 '저 사람의 레퍼토리야'라는 뜻으로 어떤 일에 대하여 '늘 그런 식으로 일을 한다'는 뜻으로 비난과 책망의 어조로 표현하는 것도 있다.

134위 밤새도록 편안하게 잠을 못 잤을 때

Всю ночь не спало́сь.

F: Хорошо́ вы́спался? Или всю ночь тебе́ не спало́сь?
M: Почему́-то не мог усну́ть.

＊вы́спаться 충분히 자다 ＊усну́ть 잠들다

밤새 뒤척였어.

F: 잘잤어? 밤새 뒤척이진 않았니?
M: 왜 그런지 모르겠지만, 잠이 안 오더라구.

[해설]

밤새도록 편안하게 잠을 못 잤을 때 'Всю ночь не спалось.'라고 한다. 이와 비슷한 표현으로는 'всю ночь провертеться'라고 하는데 이 표현은 몸을 이리저리 굴리는 모습을 나타내는 동사로 잠에 들지 못하고 뒤척이는 모습을 표현할 때 사용할 수 있다.

Перестáнь! Прекратú!

F: Перестáнь! Прекратú! Как ты мóжешь удáрить жéнщину?

M: Не лезь не в своё дéло. К тебé это не имéет никакóго отношéния.

*удáрить 때리다 *перестáть 그치다, 멈추다 *прекратúть 중단하다, 그만두다
*отношéние 관계, 관련, 대인관계

그만해! 그만두지 못해!

F: 그만해! 그만두지 못해! 여자를 어떻게 때려?

M: 네 일에나 신경 써. 너랑 상관없는일이야.

[해설]

어떠한 동작을 강력하게 그만두도록 요구할 때 'Перестань! Прекрати!'라고 한다. 'прекрати'라는 단어가 너무 어감 상 강하다면 'хватит'을 대신 할 수 있다.

[дополнúтельные выражéния]
*코를 때리다 ударить в нос
*얼굴을 때리다 ударить в лицо

 **136위** 특별한 재능없이 또는 하는 일없이 그저 밥이나 먹으며 하루하루를 지내는 사람을 가리켜

Он про́сто безде́льник, то́лько во́здух копти́т.

F: Он же студе́нт, почему́ же он совсе́м ничего́ не уме́ет?

M: Он про́сто безде́льник, то́лько во́здух копти́т, а сам ничего́ не мо́жет.

*безде́льник 백수, 아무 것도 안하는 사람　*во́здух 공기　*копти́ть 모으다

그는 밥만 축낸다.

F: 그는 대학생인데 왜 그렇게 할 줄 아는게 없어?

M: 그는 밥만 축내, 아무것도 할 줄 모르면서.

[해설]

특별한 재능없이 또는 하는 일없이 그저 밥이나 먹으며 하루하루를 지내는 사람을 가리켜 'Он просто бездельник, только воздух коптит.'라고 한다. 한국어는 '밥을 축낸다'고 표현 하지만 러시아어는 '공기만 모은다'라고 표현하는게 재미있다. 'без'는 '〜이 없는', 'дело' 는 '일'이라는 뜻인데 이것을 합쳐서 'бездельник' '아무것도 안 하는 사람'이라는 뜻이다. 만약에 여자라면 'бездельница'라고 사용하면 된다.

소용없는 말을 듣기 싫을 때

Хва́тит уже́ ерунду́ городи́ть!

M: Хва́тит уже́ ерунду́ городи́ть! Что ты пыта́ешься сказа́ть?

F: Мне ка́жется, мы друг дру́гу не подхо́дим. Дава́й расста́немся.

*ерунда́ 무의미, 허튼소리   *городи́ть 헛소리 하다, 실없는 소리하다

*пыта́ться 시도하다, 해보다   *подхо́дить ~에 어울리다, 꼭맞다

*расста́ться 헤어지다

쓸데없는 말 집어치워!

M: 쓸데없는 말 집어치워! 도대체 뭘 말하고 싶은거야?

F: 내생각에 우린 서로 잘 맞지 않는 것 같아. 그러니 헤어지는게 낫겠어.

[해설]

듣고 싶지 않은 말을 했을 때 'Хватит уже ерунду городить!'라고 한다. 'городить' 동사는 구어체로 'говорить' 동사와 동일한 의미를 가지고 있다. 상대방이 쓸데 없는 소리를 할 때 위와 같은 표현을 쓸 수 있다.

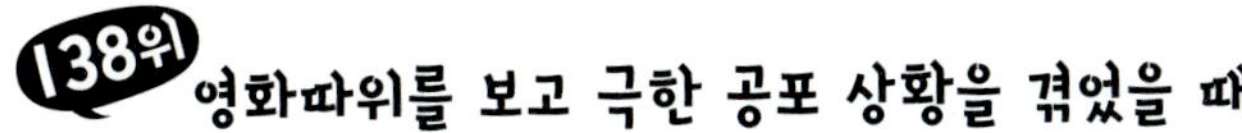

Чуть не у́мер от стра́ха.

F: Смотре́л но́вый ужа́стик?

M: Да, я чуть не у́мер от стра́ха.

*ужа́стик 공포물(장르) *чуть не + 동사 ～뻔 하다

무서워 죽을 뻔했어.

F: 새로나온 공포 영화봤어?

M: 응, 무서워 죽을 뻔했어.

[해설]

영화따위를 보고 극한 공포 상황을 겪었을 때 'Чуть не умер от страха.'라고 한다. 비슷한 표현으로는 'Чуть копыта не отбросил.'이라고 하는데 '말 발굽이 떨어지는 줄 알았어'라는 뜻의 관용표현으로 사용된다.

[дополни́тельные выраже́ния]

*기뻐서 от радости

*피로 때문에 от усталости

*공포 때문에 от страха

*질병 때문에 от болезни

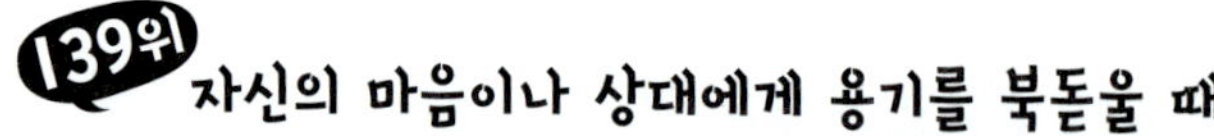

자신의 마음이나 상대에게 용기를 북돋울 때

Сто́ит то́лько захоте́ть, и всё полу́чится.

M: Мне всё надое́ло. Я неуда́чник, мне всё вре́мя не везёт.
F: Сто́ит то́лько захоте́ть, и всё полу́чится.

*неуда́чник 낙오자 *надое́сть 싫증나다

마음만 먹으면 뭐든지 할 수 있어.

M: 모든게 다 지긋지긋해. 난 늘 실패했고, 성공은 단 한번도 못했어.
F: 마음만 먹으면 뭐든지 할 수 있어.

[해설]

낙심해 있는 친구에게 혹은 자신의 마음이나 상대에게 용기를 북돋울 때 'Сто́ит то́лько захоте́ть, и всё полу́чится.'라며 위로할 때 쓰는 표현이다. 조금 더 과장을 보태서 'Е́сли о́чень захоте́ть, мо́жно в ко́смос полете́ть.'라고 하여 '간절히 원하면, 우주라도 날아갈 수 있어'라고도 한다. 비슷한 표현으로는 'Всё нала́дится.'라고 하여 '다 잘 될거야'라는 것도 있다.

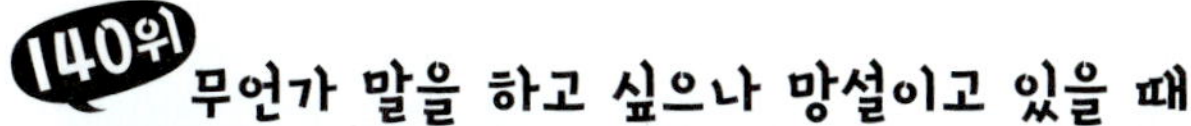

 무언가 말을 하고 싶으나 망설이고 있을 때

Не тяни́ резину.

M: Не тяни́ рези́ну. Так сло́жно приня́ть реше́ние?
F: Да! Поста́вь себя́ на моё ме́сто, и ты поймёшь, что э́то не так про́сто.

*тяну́ть 잡아당기다, 끌다 *сло́жно 어렵게 *рези́на 고무

왜 그렇게 망설이니.

M: 왜 그렇게 망설이니! 선택을 내리는게 그렇게 어렵니?
F: 그럼! 입장을 바꿔서 생각해봐. 쉽지 않다는 걸 너도 알게 될거다.

[해설]

무언가 하고 싶은 말이 있으나 망설일 때 'Не тяни резниу.'라고 한다. 이와 동일한 표현으로는 'Не тяни кота за хвост.'가 있다.

141위 Веди́ себя́ подоба́юще своему́ во́зрасту!

142위 Не тро́гай меня́ сейча́с.

143위 Я что вам, де́вочка на побегу́шках?

144위 Ну вот что он за челове́к?

145위 Да он по жи́зни тако́й.

146위 Я в затрудни́тельном положе́нии.

147위 Я сам спра́влюсь.

148위 Как тебя́ лю́ди выно́сят?

149위 Что ты хо́чешь, что́бы я сде́лал?

150위 Любо́вь прошла́, завя́ли помидо́ры.

151위 Я сейча́с чуть инфа́ркт не получи́ла!

152위 Доро́же, чем я ду́мала.

153위 Как бу́дто бы не ты!

154위 Как две ка́пли воды́!

155위 Принеси́те мне то же са́мое.

156위 Мо́жно с собо́й забра́ть?

157위 Хва́тит уже́ выпе́ндриваться.

158위 Мы просто́ со́зданы друг для дру́га.

159위 Вы встреча́етесь?

160위 Да́же и не колеба́йся!

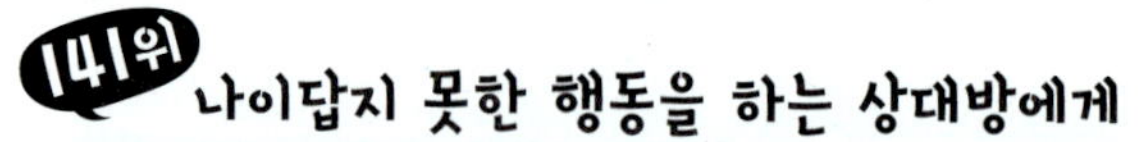

나이답지 못한 행동을 하는 상대방에게

Веди́ себя́ подоба́юще своему́ во́зрасту!

F: Веди́ себя́ подоба́юще своему́ во́зрасту! Ты же уже́ не ребёнок.

M: Да, я в душе́ ребёнок. Ну и что? Я про́сто люблю́ хорошо́ весели́ться.

*подоба́юще 알맞게, 적당하게 *во́зраст 나이 *весели́ться 즐기다, 흥겹게 놀다

나이 값 좀 해!

F: 나이 값 좀 해! 어른답게 좀 굴라고.

M: 내가 좀 정신연령이 어리다는거 나도 알아. 하지만 어쩌겠어. 난 그냥 노는게 좋은 걸.

[해설]

한국어나 러시아어나 표현이 비슷한데 나이답지 못한 행동을 하는 상대방에게 말할 때 'Веди себя подобающе своему возрасту!'라고 한다. 러시아어는 자신의 나이에 맞게 처신해라고 보면 된다.

 불편한 심기로 인해 상대방에게 경고 할 때

Не тро́гай меня́ сейча́с.

F: Что случи́лось? Что хму́ришься?
M: Не тро́гай меня́ сейча́с, у меня́ плохо́е настрое́ние.

*хму́риться 찌푸리다   *тро́гать 건드리다

내 성질 건드리지 마.

F: 너 왜 이래? 왜 이런 표정이야?
M: 내 성질 건드리지 마, 나 지금 기분이 너무 나쁘거든.

[해설]

불편한 심기로 인해 상대방에게 경고 할 때 'Не трогай меня сейчас!'라고 한다. 'трогать'는 '만지다, 건드리다'라는 의미를 가지고 있다. 이때 '건드리다'는 물리적으로 만지는 행위를 의미할 수도 있으며, 감정적으로 건드리는 것도 의미할 수 있으므로 '성질을 건드려 심기를 불편하게 하다'라는 의미로도 사용 할 수 있다. 비슷한 표현으로는 'Оставь меня в покое. – 나를 좀 가만히 내버려둬.'라는 것도 있다.

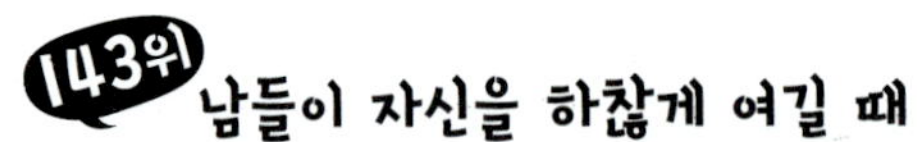

Я что вам, де́вочка на побегу́шках?

M: Мо́жешь пригото́вить нам ко́фе?

F: Почему́ все мной кома́ндуют? Я что вам, де́вочка на побегу́шках?

＊кома́ндовать 지시하다　＊побегу́шка 심부름을 다니는 사람

내가 만만하게 보여?

M: 우리 커피 한 잔만 타줄래요?

F: 왜 다들 나만 시켜? 내가 만만하게 보여?

[해설]

남들이 자신을 하찮게 여길 때 'Я что вам, девочка на побегушках?'라고 한다. '심부름을 하기 위해서 여기 저기 뛰어다니는 사람'이라는 의미로 'мальчик(девочка) на побегушках'라고 표현이 있다. '내가 너 노예냐?'라고 할 수도 있는데, 이때는 'Я что вам, раб?'이라고 한다.

 어떤 사람의 됨됨이가 올바르지 못할 때

Ну вот что он за челове́к?

F: Ну вот что он за челове́к? Сего́дня разозли́лся на меня́ без причи́ны.

M: Ты тут ни при чём. Его́ вчера́ де́вушка бро́сила.

＊разозли́ться 화내다　＊причи́на 이유　＊бро́сить 버리다, 보내다

저 사람은 인간이 왜 저래?

F: 저 사람은 인간이 왜 저래? 오늘 이유도 없이 나한테 화를 내.

M: 너 때문이 아니야. 어제 저 사람의 여자친구가 떠났거든.

[해설]

어떤 사람의 됨됨이가 올바르지 못할 때 'Ну вот что он за человек!'라고 한다. 'Его вчера девушка бросила.' 문장은 여자가 그를 버렸다는 표현이고 둘이 헤어졌다는 표현으로는 'Она рассталась с парнем.' 이 표현이니 잘 사용해 보자.

145위 어떤 사람의 행동 등이 만족스럽지 못할 때

Да он по жи́зни тако́й.

F: Терпе́ть его́ не могу́, он тако́й приди́рчивый!

M: Да он по жи́зни тако́й. Поэ́тому и де́вушки у него́ нет.

*приди́рчивый 트집쟁이, 까다로운

걔 원래 그런 애야.

F: 이 남자는 정말 싫어, 늘 사소한 짓을 지나치게 따지더라!

M: 걔 원래 그런 애야, 그래서 아직도 여자친구가 없잖아.

[해설]

어떤 사람의 행동 등이 만족스럽지 못할 때 'Он по жизни такой.'라고 한다. 비슷한 표현으로 'Он всегда таким был.'라고 해도 된다.

당면하고 있는 상황이 자신이 어찌 할 수 없게 난처할 때

Я в затрудни́тельном положе́нии.

M: А ты почему́ молчи́шь? Да́же сейча́с мне помо́чь не мо́жешь!

F: Ну а что я скажу́? Я в затрудни́тельном положе́нии.

*молча́ть 침묵을 지키다, 잠자코 있다 *затрудни́тельный 곤란한, 난처한
*положе́ние 처지, 상황, 상태

내 입장이 정말 난처해.

M: 너는 왜 한마디도 못해? 이런 상황에서도 날 안 도와주더라!

F: 내가 어떻게 얘기를 해? 내 입장이 정말 난처해.

[해설]

상황이 자신이 어찌 할 수 없게 난처할 때 'Я в затруднительном положении.'라고
한다. 본인이 처한 상태나 기분의 표현은 러시아어에서 В+전치격 사용을 한다.

Я сам спра́влюсь.

F: Как рабо́та, ничего́? Обраща́йся, е́сли нужна́ по́мощь.
M: Не пережива́й за меня́. Я сам спра́влюсь.

*спра́виться 처리하다, 대처하다 *пережива́ть 걱정하다 *обраща́ться 부탁하다

내가 알아서 다 할거야.

F: 요즘 일 어때? 할만해? 도움이 필요하면 나 찾아와.
M: 날 좀 그냥 내버려둬, 내가 알아서 다 할거야.

[해설]
남의 참견이 마음에 들지 않을 때 혹은 무언가 일은 혼자서 해결해야 할 때 'Я сам справлюсь.'
라고 한다. 동사 справиться는 С + 조격을 사용한다.

[дополни́тельные выраже́ния]
*질문하다 обращаться(обратиться) с запросом
*부탁하다, 청하다 обращаться(обратиться) с просьбой

까다로운 상대의 성격을 뭐라고 할 때

Как тебя́ лю́ди выно́сят?

M: У тебя́ тако́й отврати́тельный хара́ктер, и как тебя́ лю́ди выно́сят?

F: А кто тебя́ проси́л со мной обща́ться? Не хо́чешь, и не на́до!

*отврати́тельный 진저리 나는, 끔찍한 *выноси́ть 참다 *проси́ть 부탁하다

누가 네 성격을 받아 주겠니?

M: 너 성질이 되게 나쁘다, 누가 네 성격을 받아 주겠니?

F: 누가 너더러 받아 달라고 했니?

[해설]

까다로운 상대의 성격을 뭐라고 할 때 'Как тебя́ лю́ди выно́сят?'라고 한다. 한국어로 해석하면 '어떻게 너를 사람들이 참을 수 있겠니?' 즉 '누가 네 성격을 받아 주겠니'라는 뜻으로 사용하고 있다. выноси́ть 동사가 뜻이 많으므로 한번씩 찾아보는 것도 좋다.

[дополни́тельные выраже́ния]

*자기 혼자서 처리하다, 완수하다 доснесёт на свои́х плеча́х
*어떻게 되든 (상관없다는 뜻) Куда крива́я не донесёт.
*판결을 내다 вы́нести пригово́р

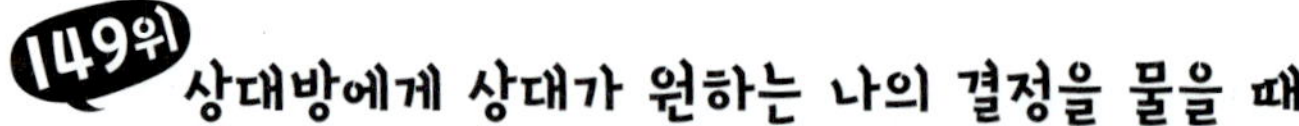

Что ты хо́чешь, что́бы я сде́лал?

F: Не де́лай так. Так ничего́ не полу́чится. Это плоха́я иде́я.
M: И? Что ты хо́чешь, что́бы я сде́лал?

*иде́я 생각, 아이디어   *получи́ться 되다

내가 어떻게 하길 바라니?

F: 그렇게 하지마. 그러면 일이 더 엉망이 될거야. 그건 정말 좋은 생각이 아니야.
M: 그래서? 내가 어떻게 하길 바라니?

[해설]

상대방에게 상대가 원하는 나의 결정을 물을 때 'Что ты хочешь, чтобы я сделал?'라고 한다. 동일한 의미로 'Ну и что ты от меня хочешь.'라고 하여 나한테 바라는 게 뭔데? 혹은 'И что я должен по-твоему делать?'라고 하여 '내가 그럼 네가 원하는 방식대로 해야되는 거야?'라고 말을 할 수 도 있다.

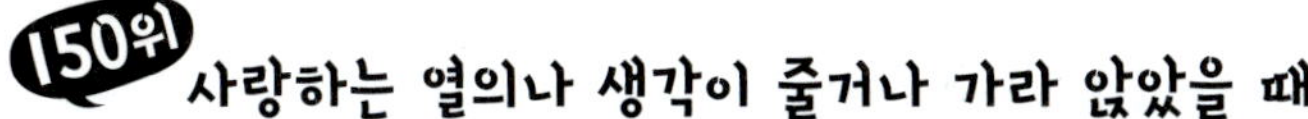

Любо́вь прошла́, завя́ли помидо́ры.

M: Вы так до́лго встреча́лись⋯ Почему́ же вы расста́лись?

F: Любо́вь прошла́, завя́ли помидо́ры. Мы стара́лись, шли на компроми́ссы, но ничего́ не вы́шло. Ничего́ не поде́лаешь.

＊завя́нуть 시들다　＊помидо́р 토마토　＊стара́ться 노력하다
＊компроми́сс 타협, 화해

사랑(애정)이 식었어.

M: 너희 둘이 사귄지 오래 됐는데 왜 결국 헤어졌어?

F: 사랑(애정)이 식었어. 노력도 해보고 타협해보려 했지만 소용 없었어. 어쩔 수 없었다구.

[해설]

사랑하는 열의나 생각이 줄거나 가라 앉았을 때 일명 애정이 식었다는 표현은 'Любовь прошла, завяли помидоры.'라고 한다. 이 표현은 한 시인이 쓰고 난 후 계속 이렇게 사용하였다고 한다. 재미있게도 러시아어는 토마토로 비유하는데 '사랑은 가고 토마토도 시들었어.'라는 표현으로 사용하고 있다.

Я сейча́с чуть инфа́ркт не получи́ла!

F: Ой, я сейча́с чуть инфа́ркт не получи́ла!
M: Ха-ха, с днём рожде́ния!

*инфа́ркт 심장마비

나 너 때문에 놀라서 자빠지는 줄 알았어!

F: 깜짝이야, 나 너 때문에 놀라 자빠지는 줄 알았어!
M: 하하, 생일 축하해!

[해설]

너무나도 놀랄 때 'Я чуть инфаркт не получила!'라고 한다. 우리나라도 놀라면 '심장
이 멎는줄 알았다!' '심장마비 오겠다!'라는 표현과 마찬가지다. 'чуть не'라는 표현은 '하마터
면 ~할 뻔 하다'라는 뜻으로 사용한다.

예상했던 가격보다 비쌀 때

Доро́же, чем я ду́мала.

M: Здра́вствуйте. Этот ку́хонный набо́р сто́ит сто пятьдеся́т ты́сяч рубле́й.

F: Что? Сто пятьдеся́т ты́сяч? Доро́же, чем я ду́мала. Но вро́де ничего́.

*ку́хонный 주방의 *набо́р 세트 *вро́де 마치, 비슷한

제가 생각했던 것보다 비싸요.

M: 안녕하세요. 손님께서 지금 보고 계시는 이 부엌가구 세트 판매가격은 150000루블입니다.

F: 네? 150000루블요? 제가 생각했던 것보다 비싸네요. 근데 이거 정말 괜찮아 보이네요.

[해설]

예상했던 가격보다 비쌀 때 'Дороже, чем я думала.'라고 한다. 러시아의 수입품 물가는 상상을 초월하게 비싸며, 이는 대부분 유럽산 브랜드이다. 러시아 사람들은 유럽제품에 대한 선호도가 높은데 이를 노려서 광고를 하는 사람들이 'европейское качество – 유럽식 품질'이라는 단어를 써서 고객을 유혹하기도 한다. 또한 'набор'라고 하는 단어는 맥도널드, 버거킹등에서 세트메뉴를 말할 때에도 'набор'라고 말한다.

[дополни́тельные выраже́ния]
*장비세트, 공구세트 набор инструментов

Как бу́дто бы не ты!

M: Ого́, всего́ не́сколько дней не ви́делись. Как бу́дто бы не ты!

F: Скажу́ по секре́ту, я сде́лала себе́ подтя́жку.

*похо́ж(а)(ы) 비슷하다, 닮다 *секре́т 비밀 *подтя́жка 리프팅 수술, 주름 펴는 수술

너 완전히 딴 사람같아!

M: 와우, 몇 일 안 봤더니 너 완전히 딴 사람같아.

F: 비밀인데 말해줄게, 나 리프팅 수술 받았거든.

[해설]

이 표현은 상대방의 외모 따위가 몰라보게 변했을 때 'Как будто бы не ты!'라고 한다. 만약 외모가 아니라 성격이 그렇지 않다고 생각된다면 'Ты сама на себя не похожа!' 이렇게 표현하면 된다.

154위 둘이 너무나 많이 닮았을 때

Как две ка́пли воды́!

F: Ми́ша! Покажи́ твои́ семе́йные фо́то.

M: Вот ря́дом со мной стои́т мой па́па.

F: Я сра́зу узна́ла твоего́ па́пу! Вы же как две ка́пли воды́!

*показа́ть 보여주다 *семе́йный 가족의 *ря́дом 옆에 *ка́пля 방울

완전 붕어빵이네!

F: 미샤! 가족 사진을 보여줘.

M: 옆에 서있는 사람이 우리 아빠야.

F: 너의 아빤지 바로 알아봤어. 둘은 완전 붕어빵인데!

[해설]

둘이 너무나 많이 닮았을 때 'Как две ка́пли воды́!'라고 한다. 한국사람들은 붕어빵이라고 표현하지만 러시아인들은 두방울의 물방울처럼 똑같다고 표현한다. 혹은 'Копия с папой.'라고 말하기도 하는데 복사한 것처럼 똑같다라는 표현도 한다.

Принеси́те мне то же са́мое.

M: Что вы бу́дете?
F: А что он заказа́л? Принеси́те мне то же са́мое.

*заказа́ть 주문하다

같은 걸로 주세요.

M: 뭘 드시겠어요?
F: 그분은 무엇을 시켰죠? 저도 같은 걸로 주세요.

[해설]

다른 사람과 같은 음식이나 물건을 원할 때 'Принесите мне то же самое.'라고 한다. 러시아어에서 '예약하다'라는 뜻이 두가지이니 잘 알아두자. 'заказать'는 '예약하다, 주문하다'라는 뜻이다. 이 동사의 경우 물건을 주문하거나 예약한다라고 일반적으로 표현한다. 'забронировать'는 '예약하다, 확보하다'라는 뜻이다. 이 동사의 경우는 자리를 확보한다는 의미가 더 강하여 호텔을 예약한다거나 혹은 비행기좌석, 기차좌석을 예약한다고 할 때는 이 동사를 사용하면 된다.

 바에서 남은 주류를 가져가길 원할 때

Мо́жно с собо́й забра́ть?

F: Мы тут ещё не всё вы́пили, мо́жно с собо́й забра́ть?

M: Оста́вьте у нас на хране́ние. Допьёте в сле́дующий раз, как придёте.

*забра́ть 가져가다 *оста́вить 그대로 두다, 남겨두다 *хране́ние 보관, 저장
*допи́ть 끝까지 마시다, 다 마시다

남은 술 좀 가져가도 되나요?

F: 다 마시지 못 했는데 남은 술은 가져갈 수 있나요?

M: 킵해둘테니 다음에 오셔서 드세요.

[해설]
이 표현 문장은 가져가도 되는지의 여부를 묻거나 식당이나 바에서 남은 것을 가져가길 원할 때에도 'Мо́жно с собой забрать?'라고 한다.

대단하지도 않은 실력을 남에게 부풀려서 뽐내지 말라고 할 때

Хва́тит уже́ выпе́ндриваться.

F: Ты зна́ешь, как э́то сказа́ть?

M: Коне́чно, не зря же я лу́чший в кла́ссе.

F: Хва́тит уже́ выпе́ндриваться. Ты же едва́ набра́л де́сять из двадцати́ ба́ллов на про́шлом экза́мене.

*коне́чно 당연하지, 물론이지 *зря 괜히 *выпе́ндриваться 괜히 뽐내다
*едва́ 겨우, 간신히 *набра́ть 많이 얻다

잘난 척 그만해!

F: 너 그거 어떻게 말하는지 알아?

M: 물론이지, 내가 괜히 우리반 1등이겠니.

F: 잘난 척 그만해. 지난번 말하기 시험성적은 20점 만점에 겨우 10점이었잖아.

[해설]

대단하지도 않은 실력을 남에게 부풀려서 뽐내지 말라고 할 때 'Хватит уже выпендриваться.'라고 한다.

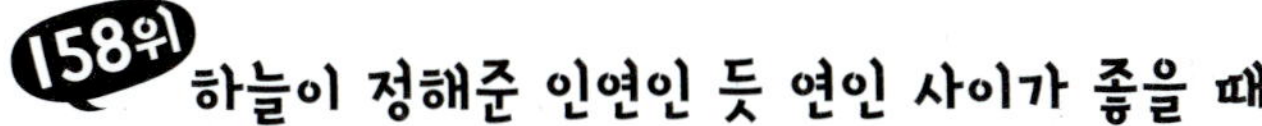

하늘이 정해준 인연인 듯 연인 사이가 좋을 때

Мы просто́ со́зданы друг для дру́га.

M: Вы так похо́жи, о́чень друг дру́гу подхо́дите.
F: А то! Мы просто́ со́зданы друг для дру́га.

*подходи́ть 맞추다   *со́здан(создать) 만들다, 창조하다

우린 천생연분이야.

M: 너희 둘 공통점이 왜 그렇게 많아? 정말 잘 어울린다.
F: 당연하지! 우린 천생연분이야.

[해설]

하늘이 정해준 인연인 듯 연인 사이가 좋을 때 'Мы просто созданы друг для друга.' 라고 한다. 'друг друга 서로서로'라는 단어는 주어로는 사용하지 않고 그 이외에 격만 사용 한다.

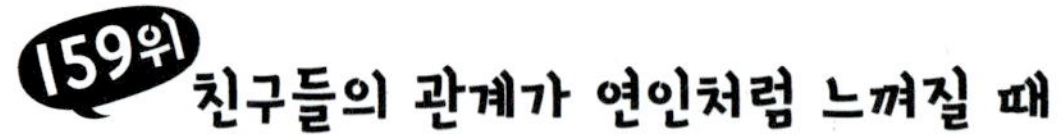

친구들의 관계가 연인처럼 느껴질 때

Вы встреча́етесь?

M: Вы встреча́етесь?
F: Нет. С чего́ ты э́то взял?

너희 둘 사귀니?

M: 너희 둘 사귀니?
F: 아니야. 그런 말 어디서 들었어?

[해설]

친구들의 관계가 연인처럼 느껴질 때 'Вы встречаетесь?'라고 한다. 러시아어는 '사귄다'는 단어가 따로 없이 '만나다'라는 단어로 사용하고 있으니 잘 알아두자. 비슷한 표현으로는 'Вы что, мутите с ним?'이라고 할 수 있는데 이 표현은 친한 사이끼리만 할 수 있다.

 이미 내린 결정에 확신이 없어 고민할 때

Да́же и не колеба́йся!

M: Ду́маешь, мне сто́ит призна́ться ей в любви́?
F: Коне́чно, да́же и не колеба́йся!

*призна́ться в любви́ 사랑을 고백하다 *колеба́ться 흔들리다, 동요하다

흔들리면 안돼.

M: 내가 그녀에게 고백을 할까?
F: 응 그렇게 해, 흔들리면 안돼.

[해설]
이미 내린 결정에 확신이 없어 고민할 때 'Да́же и не колеба́йся!'라고 한다.

[дополни́тельные выраже́ния]
*선택을 망설이다 колеба́ться в вы́боре
*바다가 파도치다 мо́ре колеба́ется

161위 Не стесня́йтесь, ку́шайте на здоро́вье!

162위 Мы лу́чшие друзья́.

163위 Нет настрое́ния.

164위 Всю ночь рыда́ла.

165위 У меня́ на колго́тках стре́лка побежа́ла.

166위 Потерпи́ немно́го.

167위 Не пристава́й ко мне.

168위 Очень рад наконе́ц встре́титься с ва́ми.

169위 Я с тобо́й.

170위 Ты что сейча́с, нарыва́ешься?

171위 Я угоща́ю!

172위 Прошу́ проще́ния.

173위 Как ты мо́жешь со мной так поступи́ть?

174위 Для чего́ же ещё нужны́ друзья́?

175위 Тебе́ кто́-нибудь пригляну́лся?

176위 Но́ги не разгиба́ются.

177위 Я люблю́ их бо́льше всех на све́те.

178위 Про́сто она́ уже́ вы́дохлась.

179위 Совсе́м сил нет.

180위 Я же сгорю́ со стыда́ пе́ред роди́телями.

초대한 사람들에게 편하게 그리고 많이 드시라고 할 때

Не стесня́йтесь, ку́шайте на здоро́вье!

F: Не стесня́йтесь, ку́шайте на здоро́вье, Бу́дете ещё?

M: Спаси́бо, мне хва́тит. Очень вку́сно, я уже́ объе́лся.

＊стесня́ться 부끄러워하다　＊объе́сться 많이 먹다, 과식하다

사양하지 마시고 마음껏 드세요.

F: 사양하지 마시고 마음껏 드세요. 좀 더 드실래요?

M: 네, 감사드려요. 정말 맛있는데 더 이상 못 먹겠어요. 배가 꽉찼어요.

[해설]

러시아인들은 자신의 집에 초대를 하는 것을 참 좋아한다. 러시아인들이 많이 쓰는 표현 중 하나로 초대한 사람들에게 편하게 그리고 많이 드시라고 할 때 'Не стесняйтесь, кушайте на здоровье.'라고 한다.

[дополни́тельные выраже́ния]

＊배불리 먹다, 많이 먹다 нае́сться

＊마음껏 먹다 нае́сться до отвала

＊빵으로 배를 채우다 нае́сться хлебом

Мы лу́чшие друзья́.

M: Ты её зна́ешь? Она́ с на́ми на одно́м ку́рсе.

F: Коне́чно, мы лу́чшие друзья́. Мы с ней в одно́й шко́ле учи́лись.

*друг (друзья (복수)) 친구   *лу́ший 훌륭한, 가장 좋은

우리는 친한 사이에요.

M: 그녀를 알아? 그녀는 우리랑 같은 학년인가 봐.

F: 그럼, 우리는 친한 사이야. 같은 고등학교 나왔거든.

[해설]

스스럼 없이 대하는 사람과 나와의 친분을 얘기할 때 'Мы друзья.'라고 한다. 친한사이라고 하는 것은 즉 친구라는 표현과 마찬가지기에 이렇게 사용 할 수 있다. 남자들이 자주 쓰는 표현 으로는 'братан', 'дружбан'이란 표현도 있으니 알아두자.

Нет настрое́ния.

M: Пойдём вы́пьем с друзья́ми. Нам на́до разве́иться.
F: Я сего́дня провали́лась на экза́мене. Нет настрое́ния.

＊разве́иться 놀다, 즐거운 시간을 보내다
＊провали́ться на экза́мене 시험에 낙제하다　＊настрое́ние 기분

그럴 기분이 아니야.

M: 친구들 불러서 한 잔하러 나가자. 재밌게 놀자구.
F: 난 오늘 시험에 떨어졌어. 그럴 기분이 아니야.

[해설]

어떤 원인으로 인해 마음이 편치 않을 거나 기분이 다운 되었을 때 'Нет настроения.'라고 한다. 러시아어 표현으로 말하자면 '나 기분이 없어'라고 직역할 수 있다. 이와 비슷한 표현으로는 'Я сегодня не в настроении.'라는 표현이 있다.

[дополни́тельные выраже́ния]

＊시험에 떨어지다, 낙제하다 провалиться на экзамене (НА + 전치격)
＊시험에 떨어지다, 낙제하다 провалить экзамен (대격)

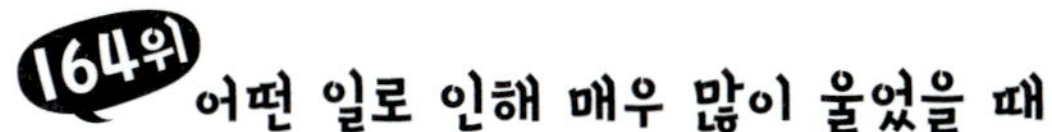

Всю ночь рыда́ла.

F: Всю ночь рыда́ла. Не могу́ пове́рить, что мы расста́лись.

M: Как говори́тся, никогда́ не зна́ешь, что найдёшь, что потеря́ешь.

*рыда́ть 통곡하다, 엉엉울다   *пове́рить 믿다   *расста́ться 헤어지다
*потеря́ть 잃다

밤새 펑펑 울었어.

F: 밤새 펑펑 울었어. 우리의 이별이 믿겨지지가 않아.

M: 그런 말 있잖아, 하나를 잃으면 다른 하나를 얻는단 말.

[해설]

어떤 일로 인해 매우 많이 울었을 때 'Всю ночь рыдала.'라고 한다. 이와 비슷한 표현으로 'плакала навзрыд'라는 표현이 있다.

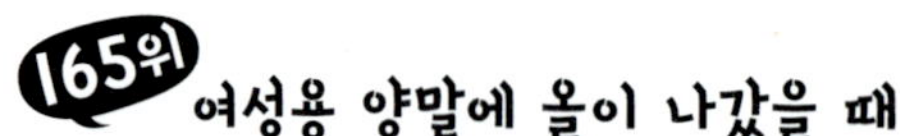

У меня́ на колго́тках стре́лка побежа́ла.

F1: Ты что де́лаешь в убо́рной? Что́-то случи́лось?

F2: У меня́ на колго́тках стре́лка побежа́ла, я пыта́юсь её убра́ть.

＊убо́рная 화장실　＊колго́тки 타이즈, 스타킹, 팬티스타킹　＊стре́лка 올(seam), 화살

내 스타킹 올이 나갔어.

F1: 화장실 안에서 뭐해? 무슨 문제라도 있는거야?

F2: 내 스타킹 올이 나가서 손 좀 보고 있어.

[해설]

일반적으로 화장실이란 단어는 영어의 'toilet'처럼 'туалет'이라고도 말을 하기도 하지만 'уборная'라고 말하기도 합니다. 'уборная'의 또 다른 의미로는 극장에서 배우들이 옷을 입고 준비하는 '드레스 룸'이라는 의미를 가지고 있어 'lavatory'와 대응하는 단어라고 생각을 하면 좋을 듯 하다. 'стрелка' 역시 사전적으로 첫 번째 의미는 '화살표'이지만, 동시에 스타킹의 '올'을 의미를 가져다 주기도 한다.

[дополни́тельные выраже́ния]

＊여름용 얇은 스타킹(카프론 소재) капро́новые колго́тки

＊발목스타킹 капро́новые носо́чки

＊밴드 스타킹 чулки́

＊망사스타킹 колго́тки в сето́чку

 어려운 환경에 굴복하지 않고 버티기를 권할 때, 용기를 주기위한 표현

Потерпи́ немно́го.

M: Я бо́льше так не могу́. Почему́ мы ка́ждый день должны́ рабо́тать до́ ночи?

F: Потерпи́ немно́го, мо́жет, ты ещё полю́бишь э́ту рабо́ту.

＊рабо́тать до́ ночи 야근하다　＊потерпе́ть 참다, 감수하다

조금만 참고 견뎌봐.

M: 더 이상 못 견디겠어. 왜 매일 야근을 해야하지?

F: 조금만 참고 견뎌봐, 이 일을 좋아하게 될지도 모르잖아.

[해설]

어려운 환경에 굴복하지 않고 버티기를 권할 때, 용기를 주고자 할 때 'Подожди немного.'라고 한다.

Не пристава́й ко мне.

F: Хва́тит сиде́ть за компью́тером! Прям как прили́п.
M: Не пристава́й ко мне, я почти́ зако́нчил.

*прили́пнуть 달라붙다　*пристава́ть 괴롭히다. 보채다. 치근거리다

귀찮게 좀 하지 마.

F: 컴퓨터는 그만해! 컴퓨터에 빠졌구나.
M: 귀찮게 좀 하지 마. 다 끝나가.

[해설]

지겹도록 참견할 때 'Не приставай ко мне.'라고 한다. 이와 비슷한 표현으로는 'Хватит меня уже доставать.'라고 한다.

 오랫동안 만나고 싶었던 사람을 만나게 되었을 때

Очень рад наконе́ц встре́титься с ва́ми.

M: Я мно́го о вас слы́шал и ждал на́шей встре́чи.
Очень рад наконе́ц встре́титься с ва́ми.

F: Спаси́бо. Я то́же о́чень ра́да.

만나뵙게 되어 영광입니다.

M: 와, 예전에 말씀을 많이 들었는데 너무 뵙고 싶었어요. 드디어 만나뵙게 되어 영광입니다.

F: 감사합니다. 저 또한 영광입니다.(저 또한 기쁩니다.)

[해설]

오랫동안 만나고 싶었던 사람을 만나게 되었을 때 일반적으로 'Очень рад наконец встретиться с вами.'라고 표현한다. 존경을 뜻한다는 표현으로 'Моё почтение.'라고 하는 비슷한 표현도 있다.

Я с тобо́й.

F: Мне стра́шно. Бою́сь вы́рвать зуб му́дрости.
M: Не бо́йся! Я с тобо́й.

*стра́шно 무섭다, 두렵다 *зуб му́дрости 사랑니 *вы́рвать зуб 이를 빼다

내가 곁에 있어 줄게.

F: 나 무서워, 사랑니 빼는 게 너무 무서워.
M: 걱정마! 내가 곁에 있어 줄께.

[해설]
두려워하는 상대방을 안심 시킬 때 'Я с тобой.'라고 한다. 즉 '난 너와 항상 함께 있을 것이다'라는 의미로 알고 있으면 된다.

[дополни́тельные выраже́ния]
*토하다, 구토하다 вырвать
*싫은 일을 잊어버리다 вырвать больной зуб
*책을 찢어내다 вырвать лист из книги

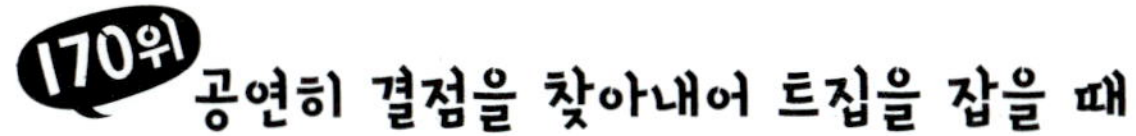

170위 공연히 결점을 찾아내어 트집을 잡을 때

Ты что сейча́с, нарыва́ешься?

M1: Ну-ка повто́ри что ты сказа́л. Ты что сейча́с, нарыва́ешься?

M2: Ты меня́ не по́нял. Я про́сто говорю́, что тебе́ ну́жно немно́го постара́ться.

＊нарыва́ться 시비걸다　＊постара́ться 노력하다

지금 시비거는 거니?

M1: 잠깐. 아까 한 말 다시 해봐. 지금 시비거는 거야?

M2: 오해야. 난 그저 네가 좀 더 노력했으면 하는 의미에서 말한것 뿐이야.

[해설]

공연히 결점을 찾아내어 트집을 잡을 때 'Сейчас ты нарываешься?'라고 한다. 상황에 맞는 표현 하나는 '너 한대 맞고 싶냐'라는 뜻으로 'Ты сейчас у меня нарвёшься!'을 사용하기도 한다.

자신이 비용을 지불하고자 할 때

Я угоща́ю!

M: Ешь что тебе́ уго́дно, я угоща́ю!
F: Пра́вда? На́до заказа́ть что-нибу́дь подоро́же.

*подоро́же 좀 더 비싼 (до́рого의 비교급)

내가 쏠께.

M: 내가 쏠께! 마음껏 먹어.
F: 정말이지? 비싼거 먹어야겠다.

[해설]

자신이 비용을 지불하고자 할 때 'Я угощаю!'라고 말한다. 하지만 이 단어의 의미가 쏜다는 말은 아니고 대접하다라는 뜻이다. 일반적으로 내가 쏜다고 할 때는 이 단어를 사용하지만 네가 쏴 혹은 네가 사라고 할 때 즉, 2인칭으로 사용할 땐 의미가 좀 바뀔 수 있으니 'Ты заплати!'을 사용하면 된다.

Прошу́ проще́ния.

M: Изви́ните, я вас не так по́нял. Прошу́ проще́ния.
F: Ничего́, пустяки́.

*пустя́к 사소한 일, 작은 일   *проще́ние 사과

내가 사과할게요.

M: 미안해요. 내가 당신을 오해했어요, 내가 사과 할게요.
F: 괜찮아요. 저 개의치 않아요.

[해설]

상대에게 미안함을 말할 때 'Прошу прощения.'라고 한다. 이와 비슷한 표현은 'Примините мои извинения.'라고 한다.

Как ты мо́жешь со мной так поступи́ть?

M: Дава́й расста́немся. Мне ка́жется мы друг дру́гу не подхо́дим.

F: Как ты мо́жешь со мной так поступи́ть? У тебя́ кто́-то появи́лся?

*друг дру́гу 서로 서로에게 *подходи́ть 꼭 맞다, ～에 어울리다 *поступи́ть 대하다
*появи́ться 나타나다

네가 나한테 어떻게 그럴 수 있니?

M: 우리 헤어지자. 우린 잘 안맞는 것 같아.

F: 네가 나한테 어떻게 그럴 수 있니? 다른 여자 생긴거 아니야?

[해설]

상대의 말이나 행동이 이해가 되지 않을 때 ‘Как ты можешь со мной так поступить?’라고 한다. 러시아어에서 ‘поступить’ 동사의 뜻이 많으니 잘 알아두자.

[дополни́тельные выраже́ния]
*입학하다 поступить в университет
*우리는 어떻게 행동해야 하나? Как нам поступить?
*취업하다 поступить на службу

 내가 도운 친구의 심적 부담을 덜어줄 때

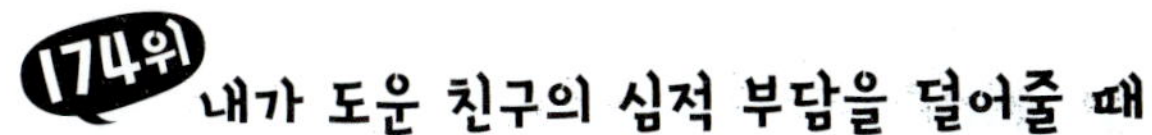

Для чего́ же ещё нужны́ друзья́?

M: Всё получи́лось благодаря́ тебе́. Если бы не ты, я бы ни за что не успе́л. Я у тебя́ в до́лгу!

F: Ничего́, для чего́ же ещё нужны́ друзья́?

＊успе́ть 시간에 늦지 않게하다. 성공하다　＊долг 빚

친구 좋다는 게 뭐야?

M: 이번에 네 덕분에 일이 잘됐어. 네가 없었다면 제 시간에 끝낼 수 없었을 거야. 꼭 보답할게!

F: 괜찮아, 친구 좋다는 게 뭐야?

[해설]

내가 도운 친구의 심적 부담을 덜어줄여 주고 싶을 때 혹은 주와 주고 싶을 때 'Для чего же ещё нужны друзья?'라고 한다. 'успеть' 동사의 뜻이 많으니 잘 알아두자.

[дополни́тельные выраже́ния]

＊우등생 успевающий

＊대답할 여유가 없다 не успел ответить

＊학교 성적이 좋다 хорошо успевает в школе

Тебе́ кто́-нибудь пригляну́лся?

F1: А у Рома́на друзья́ ничего́. Тебе́ кто́-нибудь пригляну́лся?

F2: Да. Па́рень, кото́рый сиде́л ря́дом с Софи́ей, пра́вда, симпати́чный?

＊пригляну́ться 첫눈에 들다　＊па́рень 청년
＊симпати́чный 호감이 가는, 매력이 있는

누구 점 찍어둔 사람 있니?

F1: 로만친구들이 좀 괜찮은 거 같은데, 어때? 누구 점 찍어 둔 사람있니?

F2: 있어. 소피아 옆에 앉아 있었던 애 귀엽지 않아?

[해설]

맘에 드는 사람이 있는지를 물을 때 'Тебе кто-нибудь приглянулся?'라고 한다. 혹은 말 그대로 맘에 드는 사람 있어? 라고 하면 'Тебе кто-нибудь понравился?'라고 말하면 된다. 'приглянуться'나 'понравиться' 동사는 의미상의 주어가 여격을 받는 동사이다. '나에게는(여격) 누가(주격) 마음에 든다'라고 표현하는 동사이니 알아두자.

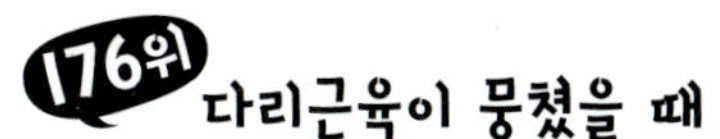

Но́ги не разгиба́ются.

M: Я вчера́ сли́шком до́лго занима́лся спо́ртом, и сего́дня но́ги не разгиба́ются.

F: На́до же расти́рать мы́шцы по́сле упражне́ний.

*разгиба́ться 펴다, 풀다 *растира́ть 안마하다, 비비다 *мы́шца 근육
*упражне́ние 운동, 연습

다리에 알이 배겼어.

M: 난 오늘 너무 심하게 운동해서 다리에 알 배겼어.
F: 운동한 뒤에 안마를 좀 해야지.

[해설]
다리근육이 뭉쳤을 때 러시아인들은 '다리가 펴지지 않아'라고 할 때는 'Но́ги не разгибаются.'을 사용한다. 'разгибаться' 동사의 뜻이 '펴다, 풀다'의 의미로 사용하기에 러시아어에서는 신체 일부를 붙이면 '근육이 뭉쳤다'라는 뜻으로 사용한다. 'упражнение'라는 단어는 우리가 일반적으로 '연습문제'라는 뜻으로 많이 사용하지만 '연습, 운동'이라는 의미도 있으니 알아두자.

[дополни́тельные выраже́ния]
*헬스 тренировка
*체조 (준비운동) зарядка

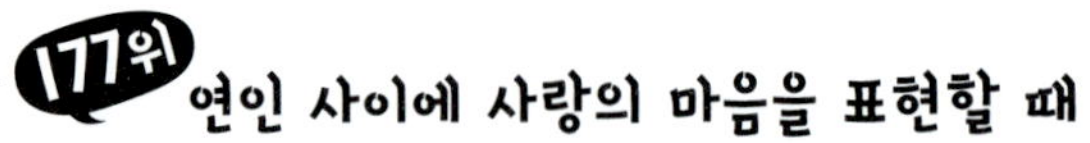

Я люблю́ их бо́льше всех на све́те.

F: Ми́ша, ты лю́бишь па́пу и ма́му? Си́льно?
M: Я люблю́ их бо́льше всех на све́те.

∗све́т 세상, 빛 ∗бо́льше всего́ 무엇보다도

하늘만큼 땅만큼 사랑해.

F: 미샤, 네 아빠와 엄마를 사랑하니? 얼만큼?
M: 저는 우리아빠와 엄마를 하늘만큼 땅만큼 사랑해요.

[해설]

연인 사이에 사랑의 마음을 표현하거나 아이들한테 엄마가 좋은지 아빠가 좋은지 물어볼 때 'бо́льше всех на све́те'라고 한다. 러시아어는 '하늘만큼 땅만큼'이 아니라 '세상의 모든 그 무엇보다'라고 표현한다. 이 때 러시아어는 활동체 명사(사람, 동물)와 불활동체 명사(사물)로 인해 격이 바뀌니 알아두자. 위에 표현은 활동체 명사이 표현이고 만약 불활동체 명사일 때 'бо́льше всего на све́те'이라고 사용하면 된다.

탄산음료의 맛이 밍밍할 때

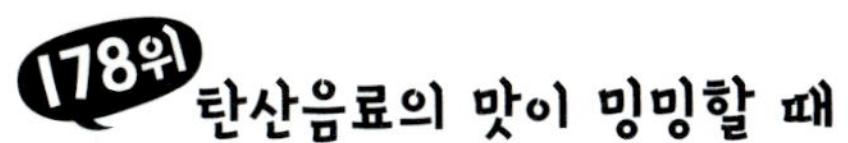

Про́сто она́ уже́ вы́дохлась.

F: Почему́ ты не пьёшь? Не лю́бишь ко́ка-ко́лу?

M: Не то, что́бы не люблю́, про́сто она́ уже́ вы́дохлась.

*вы́дохнуться 김이 빠지다, 냄새가 빠지다

김이 빠졌네.

F: 왜 안 마셔? 콜라 안 좋아해?

M: 안 좋아하는 게 아니라, 이게 김이 다 빠져서 마실 수가 없어서 그래.

[해설]

탄산음료에서 김이 빠지거나 혹은 냄새가 빠졌을 때 'Просто она уже выдохлась.'라고 한다. 과자나 빵이 '눅눅해지다'라고 할 때는 '칩이 눅눅해졌다 – отсырели чипсы'이라고 하면 된다.

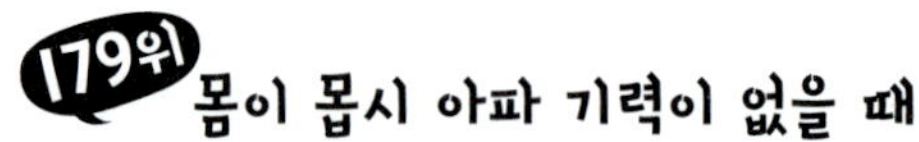

몸이 몹시 아파 기력이 없을 때

Совсе́м сил нет.

F: Вы заболе́ли? Вы́глядите нездоро́вым.
M: Да, мне о́чень пло́хо. Совсе́м сил нет.

*си́ла 힘, 에너지, 기운 *вы́глядеть ~처럼 보이다 *нездоро́вый 건강하지 않은

기운이 하나도 없어.

F: 어디 아프세요? 컨디션이 안 좋아 보여요.
M: 너무 힘들어요. 기운이 하나도 없어요.

[해설]

몸이 몹시 아프거나 기력이 없을 때 'Совсем сил нет.'라고 한다. выглядеть 동사는 조격 지배 동사로 '~로 보이다'라고 표현한다.

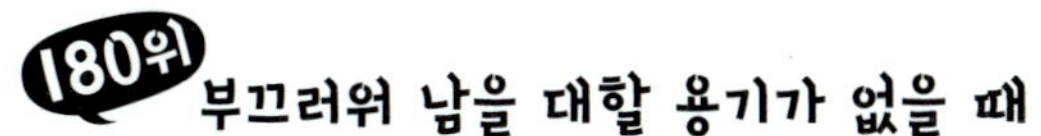

Я же сгорю́ со стыда́ пе́ред роди́телями.

F: Ну и что, что ты завали́л экза́мен, э́то же не коне́ц све́та. Пойдём домо́й.

M: Не пойду́, я же сгорю́ со стыда́ пе́ред роди́телями.

*завали́ть 망치다 *стыд 창피, 염치

부모님을 뵐 면목 없습니다.

F: 시험에 떨어진 것은 별 것 아니야, 세상이 끝난 게 아니라구. 집에 가자.

M: 난 안가, 우리 부모님을 뵐 면목이 없어.

[해설]

부끄러워 남을 대할 용기가 없을 때 '면목이 없다'라고 하는데 러시아어로는 'Я же сгорю со стыда перед родителями.'라고 한다. 만약 '너무 부끄러워서 쥐구멍에라도 들어가고 싶다'라는 표현을 하고 싶다면 'Мне было так стыдно, что со стыда чуть под землю не провалилась.'라고 하면 된다.

181위 속이 조금 안 좋아.

182위 줄 서세요!

183위 눈이 부었어.

184위 손에 가시가 박혔어.

185위 빈둥거리지 마.

186위 재들은 단짝이야.

187위 삼각관계

188위 계속 연락하고 지내자.

189위 한귀로 듣고 한귀로 흘려버려.

190위 어리광 부리지 마.

191위 시간 좀 내줄 수 있어요?

192위 버스는 이미 지나갔어.

193위 잠깐 눈 좀 붙일게.

194위 벌써 월급 다 써버렸어.

195위 우린 손발이 척척맞아.

196위 내 나름대로는 열심히 했어.

197위 모르기는 나도 마찬가지야.

198위 그녀를 애타게 만들어야 해.

199위 그것은 그렇다 치고, 우릴 좀 도와주면 안 되겠니?

200위 너 반드시 후회하게 될거야.

181구 Что́-то меня́ му́тит.

182구 Ста́ньте в о́чередь!

183구 Глаза́ опу́хли.

184구 Мне в па́лец попа́ла зано́за.

185구 Хва́тит безде́льничать.

186구 Они́ закады́чные това́рищи.

187구 любо́вный треуго́льник

188구 Дава́й подде́рживать связь.

189구 В одно́ у́хо влете́ло, из друго́го вы́летело.

190구 Хва́тит кля́нчить!

191구 У вас не найдётся мину́тка?

192구 По́езд уже́ ушёл.

193구 Прикорну́ на мину́тку.

194구 Уже́ спусти́ла всю зарпла́ту.

195구 Мы хорошо́ срабо́тались.

196구 Сде́лал всё, что бы́ло в мои́х си́лах.

197구 Я то́же без поня́тия.

198구 Пусть она́ пому́чится.

199구 Пусть и так, но нельзя́ ли хотя́ бы попро́бовать нам помо́чь?

200구 А то пото́м жале́ть ещё бу́дешь.

Что́-то меня́ му́тит.

F: Что с тобо́й? Что́-то случи́лось?
M: Что́-то меня́ му́тит. Живо́т боли́т. Ви́димо, перее́л за обе́дом.

*перее́сть 지나치게 많이 먹다 *му́тить 울렁거리다 *живо́т 배

속이 조금 안 좋아.

F: 표정이 왜 이래? 어디 안 좋아?(무슨일이야?)
M: 속이 조금 안 좋아. 배가 아파. 점심 때 너무 많이 먹었나봐.

[해설]
소화가 되지않아 더부룩하고 불편할 때 혹은 울렁거릴 때에도 'Что-то меня мутит.'라고 한다. мутить 동사와 비슷한 단어는 'тошнить-메스껍다, 거북하다'이다.

[дополни́тельные выраже́ния]
*변비 запор
*설사 понос(жидкий стул)
*장염 энтерит

Ста́ньте в о́чередь!

F: Ста́ньте в о́чередь! Не толпи́тесь у око́шка.

M: Хорошо́, пойдём ста́нем в о́чередь.

*о́чередь 줄, 차례 *толпи́ться 무리를 짓다 *око́шко 창구, 창문

줄 서세요!

F: 줄 서세요! 창구 앞에 몰려 있지마세요.

M: 알았어요, 우리 줄 서러가자.

[해설]

가게나 그 이외에 질서유지를 위해 줄을 서라고 할 때 'Ста́ньте в очередь!'라고 한다. 러시아인들은 줄 서는 것이 생활화 되어 있다. 줄이 길거나 혹은 마지막에 서 있는 사람이 누구인지 모른다면 '마지막 분이 누구시죠?– Кто после́дний?'라고 물어보면 마지막 사람이 손을 들거나 본인이라고 대답한다.

 **183위** 너무 울거나 잠을 자서 눈가죽이 부풀어 올랐을 때

Глаза́ опу́хли.

M: Что у тебя́ с глаза́ми? Ты что де́лала вчера́ но́чью?
F: Ну да. Глаза́ опу́хли. Я вчера́ всю ночь смотре́ла телеви́зор и пла́кала. Очень гру́стно бы́ло.

＊опухну́ть(опуха́ть(нсв)) 퉁퉁붓다　＊гру́стно 슬프게, 우울하게

눈이 부었어.

M: 네 눈 봤어? 어젯밤에 뭐했어?
F: 응 알아. 눈이 부었어. 어제 티비보면서 밤새 울었거든. 너무 슬펐어.

[해설]
너무 울거나 잠을 자서 눈가죽이 부풀어 올랐을 때 'Глаза опухли.'라고 한다. 러시아어는 말 그대로 '눈이 부풀어 오르다'라는 뜻으로 사용하고 있다.

[дополни́тельные выраже́ния]
＊다크써클 чёрные круги под глазами
＊눈밑 애교살 мешки под глазами
＊종기 опухоль

Мне в па́лец попа́ла зано́за.

F: Мне в па́лец попа́ла зано́за. Ужас как бо́льно.
M: Ну́-ка, дай, я вы́тащу.

*попа́сть 나타나다 *зано́за 가시 *вы́тащить 뽑다 *бо́льно 아프게

손에 가시가 박혔어.

F: 손에 가시가 박혔어. 아파 죽겠다.
M: 봐봐, 내가 빼줄게.

[해설]
손에 가시 박혔을 때 'В палец попала заноза.'라고 한다. 러시아어는 '박혔다'라고 표현하지 않고 가시가 '나타났다'라고 표현한다.

[дополни́тельные выраже́ния]
*되는대로, 닥치는 대로 как попало
*그는 걸려들었어! Попал он!
*비를 맞다 попасть под дождь

 아무 일도 하지 아니하고 게으름을 피우며 놀기만 하는 사람을 보고

Хва́тит безде́льничать.

F: Хва́тит безде́льничать. Лу́чше дава́й уже́ учи́сь.

M: Я сам разберу́сь, что мне де́лать.

*безде́льничать 빈둥거리다, 게으름 피우다 *разобра́ться 잘 알다, 분석하다

빈둥거리지 마.

F: 빈둥거리지 말고 공부 좀 해라! 그러는게 좋을거야.

M: 내일은 내가 알아서 할테니까 신경꺼셔.

[해설]

러시아어와 한국어 표현이 참으로 비슷한 것이 많은데 이 표현 역시 참으로 비슷하다. 아무 일도 하지 아니하고 게으름을 피우며 놀기만 하는 사람을 보고 'Хватит бездельничать.'이라고 한다.

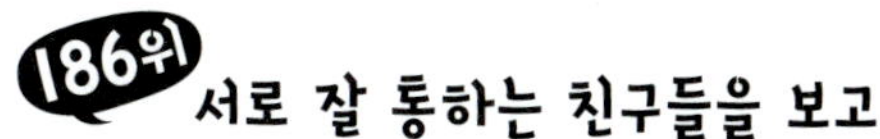

 서로 잘 통하는 친구들을 보고

Они́ закады́чные това́рищи.

F: Ива́н и Ми́ша всё вре́мя хо́дят вме́сте. Вме́сте едя́т, у́чатся, занима́ются спо́ртом⋯

M: Да, они́ же лу́чшие друзья́, закады́чные това́рищи.

＊закады́чный 단짝의

쟤들은 단짝이야.

F: 이반과 미샤는 맨날 같이 있더라. 같이 밥먹고, 같이 공부하고, 같이 운동하고..

M: 그러게, 둘은 제일 친한 친구야, 쟤들은 단짝이야.

[해설]

서로 잘 통하는 친구들을 보고 단짝친구라고 하듯이 러시아어에서는 'закады́чные това́рищи'라고 한다. 영화의 한 대사에서 나온 말로 사람들이 그 이후 단짝이라는 표현으로 'Мы с Тома́рой хо́дим па́рой.'를 사용하기도 한다.

любо́вный треуго́льник

F: Пора́ тебе́ уже́ вы́путаться из э́того любо́вного
   треуго́льника.
M: Я то́же э́то понима́ю, но не зна́ю, как э́то мо́жно
   сде́лать.

*вы́путаться 벗어나다, 풀리다　*треуго́льник 삼각형, 세모

삼각관계

F: 더 이상 삼각관계에 뒤엉켜 있지 마라.
M: 그건 나도 알고 있어, 근데 어떻게 처리해야 할 지 모르겠어.

[해설]
세 남녀사이의 연애관계를 우리는 삼각관계라고 하는데 러시아어도 마찬가지로 'треуго́льник
–삼각형'이라는 단어와 'любо́вный – 사랑의'이라는 단어가 합쳐져 삼각관계라는 의미로 사
용하고 있다.

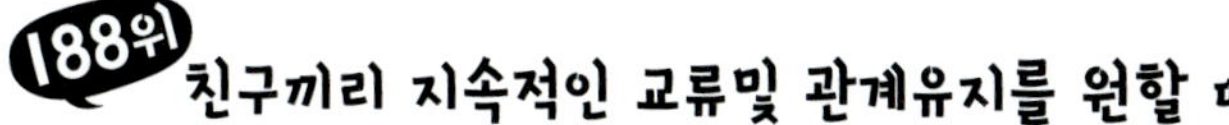

Дава́й подде́рживать связь.

F: Вот мой но́мер телефо́на. Дава́й подде́рживать связь.
M: Хорошо́, я тебе́ позвоню́, как бу́дет вре́мя.

*подде́рживать 좋은 상태를 유지하다 *связь 관계

계속 연락하고 지내자.

F: 이게 내전화번호야, 계속 연락하고 지내자.
M: 그래, 시간나는 대로 전화할게.

[해설]

친구끼리 혹은 다른 지인간의 지속적인 교류및 관계유지를 원할 때 'Давай поддерживать связь.'라고 한다. 러시아어에서 поддерживать 동사는 사전적 1차 단어의 뜻은 '협력하다, 지지하다'라는 뜻으로 제일 많이 사용하고 있지만 뒤에 있는 связь를 붙이면 '관계를 유지하다, 연락하다'라는 뜻으로 사용한다.

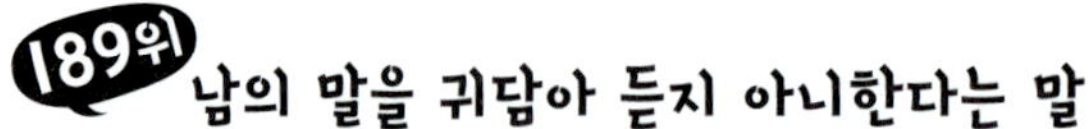

В одно́ у́хо влете́ло, из друго́го вы́летело.

F: Ви́ктор совсе́м не счита́ется с чужи́м мне́нием.
M: Да, ему́ в одно́ у́хо влете́ло, из друго́го вы́летело.

*чужо́й 남의, 타인의 *мне́ние 의견, 견해 *у́хо 귀 (복 у́ши)

한귀로 듣고 한귀로 흘려버려.

F: 빅토르는 남의 의견을 전혀 듣질 않아.
M: 그러게 말이야, 걔는 한귀로 듣고 한귀로 흘려버려.

[해설]

남의 말을 귀담아 듣지 아니한다는 말로 'В одно ухо влетело, из другого вылетело!'라고 한다. 러시아어는 '듣는다'라는 표현을 하지 않고 '한귀로 날아서 들어오고 한귀로 날려버린다'는 표현이다. 또다른 표현으로는 'считается с чужим мнением'이라고 한다.

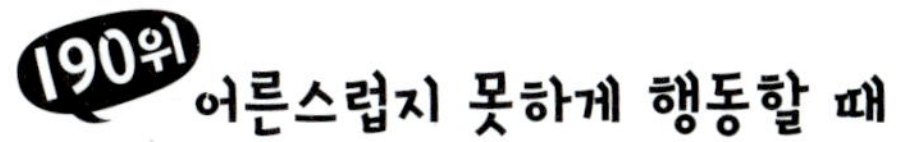

Хва́тит кля́нчить!

F: Купи́ мне э́ти серёжки, а то оби́жусь.
M: Хва́тит кля́нчить, со мной э́то бесполе́зно.

*серёжки 귀걸이 *оби́жаться 삐치다 *кля́нчить 어리광 부리다, 투정하다
*бесполе́зно 소용없다, 쓸모없다

어리광 부리지 마.

F: 나 이 귀걸이 사줘. 안 사주면 삐질거야.
M: 어리광 부리지 마. 이건 나한테 소용없어.

[해설]

어른스럽지 못하게 행동할 때 'Хватит клянчить.'라고 한다. 이와 비슷한 표현으로
'Хватит канючить.'로도 사용할 수 있다.

У вас не найдётся мину́тка?

F: У вас не найдётся мину́тка?

M: Подожди́те пока́ в фойе́. Я сде́лаю оди́н звоно́к и приду́.

*найти́сь 있다, 발견되다, 존재하다 *фойе́ 로비, 휴게실 *звоно́к 전화대화, 벨

시간 좀 내줄 수 있어요?

F: 사장님, 시간 좀 내줄 수 있어요?

M: 너 먼저 휴게실에 가 있어, 나 전화 한 통하고 갈게.

[해설]

짬을 내어주기를 원할 때 'У вас не найдётся мину́тка?'라고 한다. 한국어에서 우리는 시간을 내달라고 하지만 러시아어는 '1분이라도 존재하나요? 혹은 있나요?'라고 표현하다.

기회를 이미 놓쳤다는 말

Поезд ужé ушёл.

F: Жáлко, упустúли такóй шанс!
M: Поезд ужé ушёл. Бéстолку тепéрь говорúть.

*жáлко 아깝다, 아쉽다 *упустúть 놓치다 *шанс 기회 *бéстолку 무턱대고

버스는 이미 지나갔어.

F: 너무 아쉽다! 그런 좋은 기회를 놓치다니.
M: 버스는 이미 지나갔어, 더 이상 말해봤자 소용없어.

[해설]

기회를 이미 놓쳤다는 표현을 'Поезд уже ушёл.'라고 한다. 러시아어나 한국어가 비슷하다. 굳이 찾으라고 하면 러시아는 기차라는 단어를 쓰는 것 이 외엔 같다.

193위 피곤해서 잠깐 쉬고자 할 때

Прикорну́ на мину́тку.

F: Ты вы́глядишь о́чень уста́лым.

M: Я два дня не спал. Прикорну́ на мину́тку. Разбуди́, е́сли что.

*уста́лый 피곤한, 지친 *прикорну́ть 잠깐 잠이 들다 *разбуди́ть 깨우다

잠깐 눈 좀 붙일게.

F: 너무 피곤해 보이네.

M: 이틀 잠 못잤거든, 잠깐 눈 좀 붙일게. 일이 있으면 깨워줘.

[해설]

피곤해서 잠깐 쉬고자 할 때 '아주 잠깐 눈 좀 붙인다'는 표현을 'Прикорну на минутку.' 라고 한다. 얼마만큼의 차이나 얼마만큼의 시간을 표현하고 싶다면 러시아어에서 HA + 대격 을 사용하면 된다. 예를 들면 '동생과는 4살 차이예요'라든지 혹은 '나 10Kg이나 뺐어'라는 뜻 으로 사용하는 것은 다 HA + 대격표현이다.

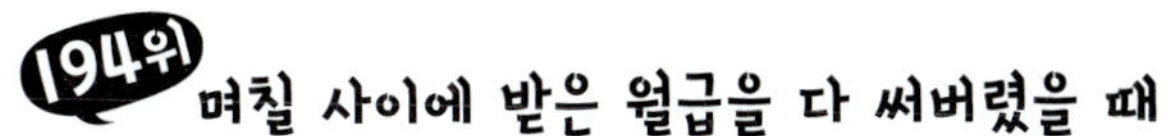

194위 며칠 사이에 받은 월급을 다 써버렸을 때

Уже́ спусти́ла всю зарпла́ту.

F: У меня́ зако́нчились де́ньги, мо́жешь мне одолжи́ть?
M: Уже́ спусти́ла всю зарпла́ту? И как тепе́рь бу́дешь? Извини́, сейча́с коне́ц ме́сяца, я сам на мели́.

＊одолжи́ть 빌려주다　＊спусти́ть (금전,재물을) 다 써버리다　＊зарпла́та 월급
＊мель 얕은 여울

벌써 월급 다 써버렸어.

F: 나 돈이 바닥났어, 돈 좀 빌려줄래?
M: 벌써 월급을 다 써버렸어? 너 이제 어떡할래? 미안하지만 월말이라 나도 여유가 없어.

[해설]
며칠 사이에 받은 월급을 다 써버렸을 때 'Уже спустила всю зарплату.'라고 한다. 러시아어에서 спустить 동사는 사전적 1차의 의미는 '내리다'라는 뜻이다. 그 이외에도 '놓아주다, 물리치다, 용서하다'라는 의미로도 사용된다.

[дополни́тельные выраже́ния]
＊가불, 선불 аванс

Мы хорошо́ срабо́тались.

M: Благодаря́ вам прода́жи в э́тот раз о́чень высо́кие!
F: Весь секре́т в том, что мы хорошо́ срабо́тались.

*прода́жа 판매 *высо́кий 높은, 엄청난 *секре́т 비밀
*срабо́таться 협력하며 일하다

우린 손발이 척척맞아.

M: 이번 판매활동은 정말 잘됐어, 너희 둘 덕분이야.
F: 우린 손발이 척척맞아, 이게 바로 성공의 비결이야.

[해설]

호흡이 잘맞는 사람끼리 'Мы хорошо сработались.'이라고 한다. 혹은 이와 비슷한 표현으로 '한마디로 서로서로 잘 이해한다 – понимать друг друга с полуслова'라는 표현도 사용한다. 관용표현으로는 'Два сапога – пара.'라고 하는데 '마치 두개의 신발과 같다'는 의미로 사용하고 있다.

 자신의 입장에서 최선을 다했을 때

M: Тепе́рь всё во вла́сти Бо́га, а я сде́лал всё, что бы́ло в мои́х си́лах.

F: Ты сде́лал всё, что мог, никто́ и не посме́ет тебя́ ни в чём упрекну́ть.

＊власть 힘, 권력　＊посме́ть 감히 ～하다　＊упрекну́ть 나무라다, 비난하다

내 나름대로는 열심히 했어.

M: 이번에 성공할지 못 할지는 하늘에 달려있다. 내 나름대로는 열심히 했어.

F: 최선을 다하면 되지, 실패해도 너를 나무라는 사람 없을거야.

[해설]

자신의 입장에서 최선을 다했다고 표현 할 때 ‘Я сделал всё, что было в моих силах.’라고 한다. 이와 비슷한 표현으로 ‘Я сделал всё, что от меня зависило.’라고 하면 된다.

Я то́же без поня́тия.

M: Я совсе́м ничего́ не зна́ю об э́том. Что на́до де́лать?
F: Я то́же без поня́тия. Дава́й разбира́ться потихо́ньку.

*поня́тие 개념, 이해 *разбира́ться 정리하다, 식별하다
*потихо́ньку (부)천천히, 차근차근

모르기는 나도 마찬가지야.

M: 이번의 일에 대해서는 정말 하나도 모르거든, 어떻게 해야 돼?
F: 모르기는 나도 마찬가지야. 천천히 하자.

[해설]

상대방과 같이 나도 정확한 지식이 없거나 모를 때 'Я тоже без понятия.'라고 한다. 혹은 관용표현으로 'Я тоже ни сном, ни духом.'라고 한다. 여기서 'ни сном, ни духом'은 '전혀, 혹은 절대적으로'라는 뜻이다.

198위 연인 사이에 밀고 당기기를 해야 한다고 할 때

Пусть она́ помýчится.

F: Ты ра́зве за ней не ухлёстывал? Так что же ты ей да́же сообще́ние не пошлёшь?

M: Пусть она́ помýчится.

*ра́зве 정말로 *ухлёстывать 쫓아다니다, 구혼하다 *сообще́ние 메세지
*помýчаться 애타게 하다, 괴로워 하다 *посла́ть 보내다(пошлю, пошлёшь...)

그녀를 애타게 만들어야 해.

F: 너 걔 쫓아다닌지 꽤 되지 않았니? 근데 왜 그녀한테 문자 한통도 안보내?

M: 그녀를 애타게 만들어야 해.

[해설]

연인 사이에 밀고 당기기를 해야 한다고 할 때 'Пусть она помучится.'라고 한다. 'помучаться' 동사와 비슷한 표현으로는 'Пусть она задразнит.' 동사로도 사용할 수 있다.

199위 다른 건 내버려 두고 도움을 청할 때

> # Пусть и так, но нельзя́ ли хотя́ бы попро́бовать нам помо́чь?

F: До защи́ты курсово́й оста́лось 2 дня. Я не успе́ю её написа́ть!

M: Пусть и так, но нельзя́ ли хотя́ бы попро́бовать нам помо́чь?

＊защи́та курсово́й 학교레포트 ＊оста́ться 남다

그것은 그렇다 치고, 우릴 좀 도와주면 안 되겠니?

F: 레포트 발표까지는 이틀밖에 안남았어. 그 시간 안에는 못써!

M: 그것은 그렇다 치고, 우릴 좀 도와주면 안 되겠니?

[해설]

시간이 부족하여 하던 것을 두고 도움을 청할 때 'Пусть и так, но нельзя ли хотя бы попробовать нам помочь?'라고 한다. 표현이 너무 길다고 느껴지면 'Пусть и так, но нельзя ли нам помочь?'이라고도 할 수 있다.

잘못된 결정을 내리려는 사람을 설득할 때

А то пото́м жале́ть ещё бу́дешь.

M: Я реши́л уво́литься.

F: Поду́май хорошо́, а то пото́м жале́ть ещё бу́дешь.

*уво́литься 시작하다, 퇴직하다   *жале́ть 후회하다

너 반드시 후회하게 될거야.

M: 난 이 일을 그만두기로 마음먹었어.

F: 너 반드시 후회하게 될거야. 더 잘 생각해봐.

[해설]

잘못된 결정을 내리려는 사람을 설득할 때 'А то потом жалеть ещё будешь.'라고 한다. 'жалеть' 동사자체가 많은 뜻을 가지고 있는 동사이다. 예를 들면 '가여워하다, 동정하다, 후회하다, 딱하게 여기다'라는 뜻이 있다. 한국어로는 '후회하게 될거야'라고 하는 표현을 러시아어로는 '아까워하게 될꺼야'라는 표현으로 사용하고 있다.

201위 남자는 여자하기 나름이야.

202위 간뎅이가 부었군!

203위 저 애는 내가 찍었어.

204위 너 아직도 나에게 꽁하고 있니?

205위 돈 엄청 벌었나 봐.

206위 둘은 정말 많이 닮았어. [비슷한 데가 많다]

207위 두말하면 잔소리지!

208위 바쁜 와중에 짬내서 메시지 보내고 있어.

209위 헛소리 하지 마!

210위 걘 백수야.

211위 나 화났으니까 말붙이지 마.

212위 질렸어.

213위 세상 살맛이 안나.

214위 너 죽을래?

215위 꼴도 보기 싫어!

216위 한 번만 봐주세요.

217위 불행 중 다행이구나.

218위 세월이 약이다.

219위 너무 깨물어주고 싶게 예뻐.

220위 알겠어!

201위 Успе́х мужчи́ны зави́сит от его́ же́нщины.

202위 Совсе́м страх потеря́ла!

203위 И не мечта́й, он мой.

204위 Всё ещё ду́ешься?

205위 Гребёшь де́ньги лопа́той?

206위 Вы прям как два сапога́ па́ра!

207위 Соверше́нно ве́рно!

208위 Я же нашёл вре́мя, что́бы тебе́ написа́ть.

209위 Не ве́шай мне лапшу́ на́ уши!

210위 Да он безрабо́тный.

211위 Я оби́делась и бо́льше с тобо́й не разгова́риваю.

212위 Мне надое́ло.

213위 Мне и свет не мил.

214위 Жить надое́ло?

215위 Ви́деть тебя́ не хочу́!

216위 Ну пожа́луйста.

217위 Ну, хоть и на э́том спаси́бо.

218위 Вре́мя ле́чит.

219위 Так бы его́ и поти́скала.

220위 Дава́й!

 남자의 성공은 여자의 노력여하에 달려있다는 말을 할 때

Успе́х мужчи́ны зави́сит от его́ же́нщины.

M: Нельзя́ отрица́ть заслу́ги жены́ в его́ успе́хе. Без неё он бы не подня́лся так высоко́.

F: Вот поэ́тому и говоря́т, что успе́х мужчи́ны зави́сит от его́ же́нщины.

*отрица́ть 부정하다 *заслу́га 업적, 공 *успе́х 성공 *подня́ться 출세하다, 뜨다

남자는 여자하기 나름이야.

M: 그의 성공에는 그 분 부인의 내조를 빼놓을 수가 없어. 그녀없이 그가 그렇게 중요한 위치에 있을 순 없었을 거야.

F: 그래서 말이야, 남자는 여자하기 나름이야.

[해설]

남자의 성공은 여자의 노력여하에 달려있다는 말을 할 때의 표현은 'Успех мужчины зависит от его женщины.'라고 한다. зависит от는 원래는 '~에 달려있다'라는 의미를 가지고 있어 남자의 성공이 여자에게 달려있다!라는 말이 되어 '남자는 여자하기 나름이야'라는 의미로 사용된다.

[дополни́тельные выраже́ния]
*간단히 말해서, коро́че говоря́
*솔직히 말해서, че́стно говоря́

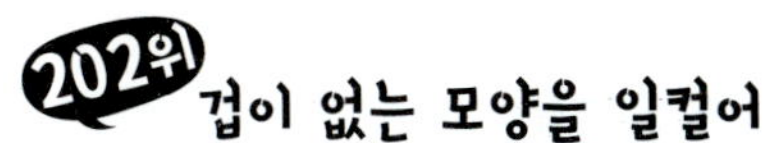

겁이 없는 모양을 일컬어

Совсе́м страх потеря́ла!

F: И как она́ мо́жет сюда́ заяви́ться после́ того́, что в про́шлый раз произошло́?

M: Совсе́м страх потеря́ла! Прого́ните её!

*заяви́ться 나타나다, 출몰하다 *страх 두려움, 무서움 *потеря́ть 잃다
*прогоня́ть 쫓아버리다

간뎅이가 부었군!

F: 지난번에 그런 일이 있고 나서, 어떻게 그녀는 또 여기에 발을 디딜 수 있는 거지?

M: 간뎅이가 부었군! 그녀를 쫓아버려.

[해설]

겁이 없다고 할 때 간뎅이가 부었다거나 혹은 요즘 많이 쓰는 말로 겁을 상실했다라는 표현이 있는데 러시아어의 경우는 'Совсем страх потерял(а)!'라고 한다. 이 표현을 직역하자면 '겁을 잃어 버렸다'는 의미로 하고 사용있다.

친구나 동료에게 자신이 마음에 담아둔 이성을 밝힐 때

И не мечта́й, он мой.

F1: Ты что э́то бе́гаешь за Ива́ном? Ты не еди́нственная, кому́ он нра́вится.

F2: И не мечта́й, он мой.

＊еди́нственный 유일한 ＊мечта́ть 상상하다

저 애는 내가 찍었어.

F1: 너 이반을 쫓아 다닌다며? 너만 걔 좋아하는 거 아니거든?

F2: 저 애는 내가 찍었어, 넌 걔 꿈도 꾸지마.

[해설]

친구나 동료에게 자신이 맘에 담아둔 이성을 밝힐 때 'И не мечтай, он мой.'라고 한다. мечтать 동사는 '꿈꾸다, 원하다'라는 뜻이다. 즉, '꿈도 꾸지마, 쟤는 내꺼야'라는 뜻으로 러시아어는 사용한다.

상대방이 나에게 무슨 일을 잊지 못하고 속으로만 언짢고 서운하게 여기고 있을 때

Всё ещё ду́ешься?

M: Ты почему́ меня́ избега́ешь? Всё ещё ду́ешься?
F: Нет, ты зря волну́ешься.

*избега́ть 달아나다, 멀리하다 *ду́ться 토라지다, 뽀루퉁해 하다 *зря 공연히, 헛되이

너 아직도 나에게 꽁하고 있니?

M: 너 왜 그렇게 숨겨? 너 아직도 나에게 꽁하고 있니?
F: 아니야, 너는 괜한 걱정을 하는구나.

[해설]

다른 사람이 괜히 자신을 피하고 뭔가 꽁해있는 것 같이 보일 때 'Всё ещё ду́ешься?'라고 쓸 수 있다. дуть 동사는 바람이 불다라는 의미를 가지고 있는데 재귀형 ду́ться 동사의 경우엔 '뽀루퉁해 있다'라는 의미로 사용된다.

[дополни́тельные выраже́ния]

*삐치다, 입을 삐쭉거리다 наду́ть гу́бки
*풍선을 불다 надува́ть возду́шный ша́рик

Гребёшь де́ньги лопа́той?

F: Ты так и сори́шь деньга́ми! И маши́ну купи́л, и до́м. Гребёшь де́ньги лопа́той?

M: Да нет. Про́сто купи́л на сбереже́ния, нако́пленные за вре́мя рабо́ты.

*сори́ть деньга́ми 돈을 흥청망청 쓰다 *грести́ 긁어 모으다 *лопа́та 삽
*сбереже́ние 저축, 예금 *нако́пленные 축적된, 적립된, 누적된

돈 엄청 벌었나 봐.

F: 돈 펑펑쓰는 사람이 여기 또 있구나! 차도 사고 집도 사고 돈 엄청 벌었나 봐?

M: 뭘! 그냥 직장 다니면서부터 쭉 모은 돈으로 산건데.

[해설]

전과 다르게 씀씀이가 있는 사람에게 'Гребёшь деньги лопатой.'라고 한다. 이 문장의 뜻은 '삽으로 돈을 긁어모으다/퍼담다'라는 의미로 한국어에서도 돈을 많이 번 사람에게 '돈을 긁어모으는구나.'라는 표현과 비슷하다. 필요없는데 돈을 마구 쓰는 행위를 표현 할 때 'выбросить деньги на ветер'라고 하여 '돈을 바람에 날려버리다'라는 표현도 있다.

[дополни́тельные выраже́ния]
*에너지 절약 энергосбержения
*저축 예금 계정 сбергательнсый счет

Вы прям как два сапога́ па́ра!

M: Ты така́я упря́мая, и он тако́й же. Вы прям как два сапога́ па́ра!

F: Я зна́ю. Это комплиме́нт или оскорбле́ние?

*упря́мый 고집이 센, 완고한 *сапоги́ 부츠 *па́ра 쌍, 짝 *комплиме́нт 칭찬
*оскорбле́ние 비난

둘은 정말 많이 닮았어. [비슷한 데가 많다]

M: 너도 고집 세고 그 사람도 고집세. 둘은 정말 많이 닮았어.

F: 나도 알아. 근데 그거 칭찬이야, 비난이야?

[해설]

둘이 매우 공통점이 많다고 할 때는 한쌍의 신발처럼 닮았다고 하여 'два сапога пара'라고 표현한다. 이 때 외모가 비슷하거나 닮았을 때의 표현으로는 쓰이지 않고 성격 혹은 공통점 부분에서만 쓸 수 있다. 이와 비슷한 표현으로는 'Вы с ним очень похожи.'라고 사용할 수 있다.

Соверше́нно ве́рно!

F: Ваш кла́ссный руководи́тель и впра́вду тако́й до́брый, так ведь?

M: Соверше́нно ве́рно! Он и впра́вду су́пер!

＊впра́вду 정말로, 진실로 ＊ведь 그렇지?, 틀림없이
＊кла́ссный руководи́тель 담임 선생님

두말하면 잔소리지!

F: 네 담임 선생님께서는 정말 친절하시다던데, 정말 그래?
M: 두말하면 잔소리지! 그 분 진짜 최고야!

[해설]

일반적으로 무언가가 옳다고 동의할 때는 'ве́рно'라고만 말을 하여도 된다. 호들갑스럽게 전적으로 동의한다고 말을 할 때는 앞에 'соверше́нно'라는 의미를 넣어 '완전 그래'라는 표현으로 사용하면 된다. 비슷한 표현으로는 'Я по́лностью согла́сен(согла́сна).'이라고 하여 '난 완전히 동의해'라는 표현이 있다.

[дополни́тельные выраже́ния]
＊지도교수 нау́чный руководи́тель

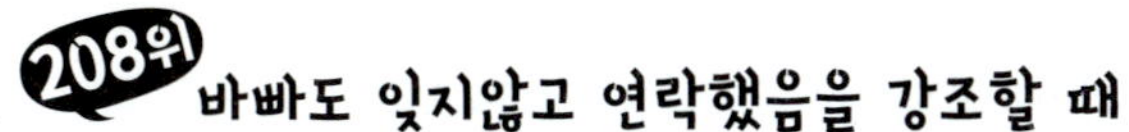

바빠도 잊지않고 연락했음을 강조할 때

Я же нашёл вре́мя, что́бы тебе́ написа́ть.

F: Что сего́дня за день тако́й осо́бенный, раз мне пи́шет тако́й заня́той челове́к, как ты?

M: Обижа́ешь! Я же нашёл вре́мя, что́бы тебе́ написа́ть.

＊осо́бенный 특별한　＊заня́той 바쁜　＊обижа́ть 기분 나쁘게 하다, 비위를 긁다
＊найти́ 찾다

바쁜 와중에 짬내서 메시지 보내고 있어.

F: 오늘 무슨 날이길래 너 같이 바쁜 사람이 나한테 연락을 다하냐?

M: 말을 그렇게 정없게 해야 돼? 바쁜 와중에 짬내서 메시지 보낸거라고.

[해설]

바쁜 와중에 짬을 내기 위해서는 러시아어의 표현에서는 '시간을 찾아야만 한다'라고 한다. 그래서 한국어에서 '짬을 내다'라는 표현을 'найти время'라고 한다. обижать 동사는 누군가의 감정을 상하게 하는 것이고, 그로 인해서 만약 내가 기분이 나빠서 상처 받았다면 'обиделся(남) обиделась(여)'라고 하면 된다.

얼렁뚱땅 사실을 말하지 않고 넘어가려고 하는 상대에게

Не ве́шай мне ла́пшу на́ уши!

F: Ме́жду на́ми ничего́ нет. Мы про́сто друзья́.

M: Не ве́шай мне ла́пшу на́ уши! Я ви́жу, как ты пыта́ешься поменя́ть те́му разгово́ра.

*веша́ть 걸다 *ла́пша 국수, 면, 라면 *пыта́ться 애쓰다, 노력하다
*поменя́ть 바꾸다 *разгово́р 대화 *те́ма 테마

헛소리 하지 마!

F: 진짜 그 여자 애랑 아무 사이도 아니야. 그냥 친구일 뿐이야.

M: 헛소리 하지 마! 얼렁뚱땅 넘어 가려는 거 다 알아.

[해설]

말도 안되는 헛소리, 누가 봐도 사실이 아닌 이야기를 하는 사람에게 '헛소리 하지마' 혹은 '대충 넘어가려 하지마'라고 말할 때는 'Не вешай мне лапшу на уши!'라는 관용표현을 사용한다. 한국어로 번역을 하자면 '국수를 귀에 걸다'라는 뜻이다.

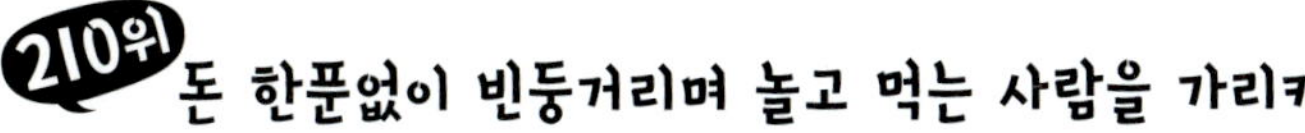

돈 한푼없이 빈둥거리며 놀고 먹는 사람을 가리켜

Да он безрабо́тный.

F: Ты зна́ешь молодо́го челове́ка Ната́ши? Чем он занима́ется?

M: Да он безрабо́тный, всё пыта́ется куда́-нибудь устро́иться.

∗безрабо́тный 무직자, 백수, 실업자 ∗пыта́ться 애쓰다, 노력하다
∗устро́иться 추진하다

걘 백수야.

F: 너 나따샤 남자친구 알아? 뭐하는 사람이야?

M: 걘 백수야, 요즘 여기저기 일자리를 찾고 있는 것 같아.

[해설]

돈 한푼없이 빈둥거리며 놀고 먹는 사람을 'безработный'이라고 한다. 'молодой человек'은 '젊은이'라는 뜻도 있지만 러시아어에서 '남자친구'라는 의미로 사용이 된다. 이와 동일한 뜻으로는 'парень'이란 단어도 있다. 일자리를 찾기 위해 노력을 할 때는 위에서의 표현이 맞지만, 백수인데다가 놀기만 하고 일할 생각이 없는 사람에게는 'Он балду гоняет.'이라고 한다.

기분이 좋지 않으니 간섭하지 말라는 일종의 경고의 표현

Я оби́делась и бо́льше с тобо́й не разгова́риваю.

F: Я оби́делась и бо́льше с тобо́й не разгова́риваю.

M: Да я про́сто пошути́л же. Не бу́дь тако́й вре́диной.

*вре́дина 잘 삐지는 사람, 작은 일로 투덜거리는 사람   *оби́деться 삐치다, 화내다
*пошути́ть 농담하다

나 화났으니까 말붙이지 마.

F: 나 화났으니까 말 붙이지마.

M: 아까 다들 다 농담한 것뿐이야. 그렇게 속좁게 굴지마.

[해설]

기분이 좋지 않으니 간섭하지 말라고 표현 할 때 'Я обиделась и больше с тобой не разговариваю.'라고 한다. 여기서 обидеться 동사로 사용할 때에는 누구 때문에 삐치던지 혹은 화를 났다고 표현하고 싶으면 НА + 대격을 사용하면 된다.

212위 어떤 일이나 음식따위에 싫증이 났을 때

Мне надое́ло.

F: Беси́т! Как же мне уже́ надое́ли твои во́пли слу́шать!

M: Что, уже́ и пе́сню нельзя́ спеть?

＊надое́сть 질리다 ＊во́пли (명-복수만사용) 잡음, 괴성, 울부짖음(꿱꿱)

질렸어.

F: 정말 짜증나, 질렸어! 그 이상한 소음 좀 그만 낼 수 없어?

M: 노래하면서 혼자 좀 즐겨 보겠다는데 그것도 안돼?

[해설]

음식따위에 싫증이 나거나 혹은 어떤 일에 질렸을 경우에는 'Мне уже надоели.'라고 한다.
동사 надоело는 + 동사원형의 형태를 사용하여 '~하는 것이 질렸다'라는 의미로 사용한다.

Мне и свет не мил.

F: Что случи́лось? Что́-то произошло́?
M: Из-за до́лгов мне и свет не мил.

*долг 채무, 빚 *случи́ться 일어나다, 발생하다 *произойти́ 일어나다, 발생하다
*свет 세상, 빛

세상 살맛이 안나.

F: 왜 그래? 무슨 안 좋은 일 있어?
M: 빚을 많이 지니깐 세상 살맛이 안나.

[해설]

세상을 살아가는 재미나 의욕을 잃었을 때 'Мне и свет не мил.'라고 한다. 동사 случиться와 произойти의 차이점을 알아보자면, случиться 동사의 경우 사건이 우연히 일어나거나 경우의 수가 있을 때 혹은 어떠한 사건이 일어났을 때 정확히 알 수 없을 때 사용하는 단어이고 произойти 동사의 경우는 앞 동사와 반대로 무언가 사건이 이미 일어났거나 주어가 이미 발생할 것을 알 때에 사용하는 단어이다.

[дополни́тельные выраже́ния]
*파산 банкрот

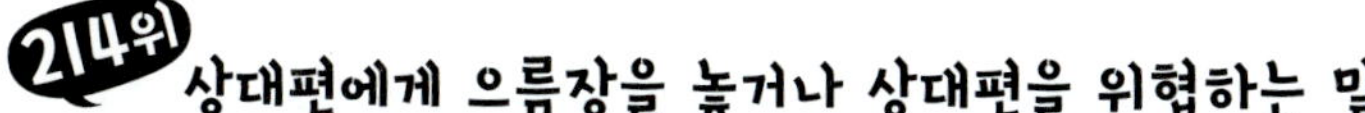

Жить надое́ло?

M: Как ты мо́жешь так со мной поступи́ть? Жить надое́ло?

F: Как ты мо́жешь мне тако́е говори́ть? Я же для тебя́ всё де́лаю.

＊поступи́ть 저지르다, (어떠한 행위를) 하다, 행동하다

너 죽을래?

M: 너 어떻게 나한테 그럴 수가 있어? 너 죽을래?

F: 어떻게 나에게 이렇게 말할 수 있어? 나는 다 널 위해서 모든 걸 해주는데.

[해설]

상대편에게 으름장을 놓거나 상대편을 위협하는 말로 'Жить надоело?'이라 한다. надоело + жить 동사를 사용하여 '살기 싫으냐?'라는 말로 쓸 수 있는데 한국에서는 '죽고 싶냐?'라는 표현이 친한 사이에서 가볍게 쓸 수 있는 말이기는 하지만, 러시아에서는 이러한 표현을 함부로 사용하면 곤란할 수 있으니 잘 사용하도록 하자.

Ви́деть тебя́ не хочу́!

F: Ви́деть тебя́ не хочу́! Ты меня́ бе́сишь одни́м свои́м ви́дом.

M: Почему́? Что я тако́го сде́лал?

*вид 모습

꼴도 보기 싫어!

F: 꼴도 보기 싫어! 너를 볼 때마다 난 화를 참을 수가 없어.

M: 왜? 내가 뭘 잘못했냐?

[해설]

미운사람이 노는 꼴 또는 기뻐하는 것이 몹시 아니꼽고 보기 싫을 때 말 그대로 'Ви́деть тебя не хочу!'라고 한다. 조금 다르게 표현을 하고 싶다거나 조금 격한 표현으로 'Уйди с глаз мойх долой!'라고 하여 '내 눈앞에서 사라져!'라고 사용한다.

216위 기회를 한 번만 더 달라는 표현

Ну пожа́луйста.

F: Пропусти́те меня́. Ну пожа́луйста.

M: Нельзя́. Несовершенноле́тним вход запрещён.

*несовершенноле́тний(=малоле́тний) 미성년자 *вход 입구
*запрещён 금하다, 제지하다

한 번만 봐주세요.

F: 제발 들어가게 해주세요. 한 번만요.

M: 안돼. 미성년자는 들어갈 수 없어.

[해설]

러시아어에서 'пожалуйста'는 아주 많은 의미를 가지고 있다. 무언가 안되는 상황에 '제발' '부탁 좀 합니다' '이번만요'일 때, 고맙다고 한 후 '천만예요'하고 할 때, '여기 있습니다'하고 할 때 등등 정말 많은 상황에서 쓸 수 있는 표현 중 하나이다. 한국의 경우 외국과 달리 우리나라는 나이를 이야기 할 때 한 살을 더 올려서 이야기 하지만 러시아의 경우는 그렇지 않다. 즉 19세는 18세인 것이다. 한국어로 '19금' (러시아는 18금)이라는 표현은 'восемнадцать плюс'라고 한다.

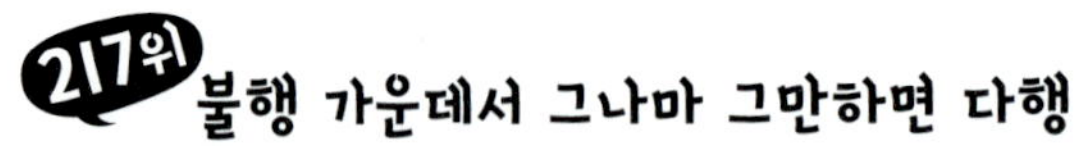

Ну, хоть и на э́том спаси́бо.

M: Я попа́л в ава́рию.

F: Ты не пострада́л? Ну, хоть и на э́том спаси́бо.

*пострада́ть 다치다, 피해보다 *попа́сть в ава́рию 차사고가 나다

불행 중 다행이구나.

M: 난 교통사고를 당했어.

F: 다친데는 없어? 불행 중 다행이구나.

[해설]

불행 가운데서 그나마 그만하면 다행이라는 표현은 'Ну, хоть и на этом спасибо.'이라 한다.

[дополни́тельные выраже́ния]

*부상자(사고로 인한) пострада́вший

*사망자(사고로 인한) погибший

*이재민, 피해자 пострадавший

*사고 авария

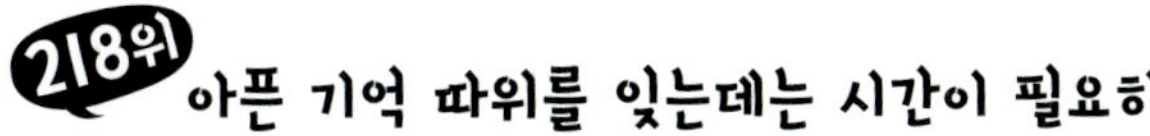

218위 아픈 기억 따위를 잊는데는 시간이 필요하다는 표현

Вре́мя ле́чит.

M: Она́ год наза́д меня́ бро́сила, а я по-пре́жнему не могу́ её забы́ть.

F: Вре́мя ле́чит.

*бро́сить 보내다 *лечи́ть 치료하다 *по-пре́жнему 전과같이, 여전히

세월이 약이다.

M: 그녀가 날 떠난지 일 년이되었지만 아직도 난 그녀를 못잊어.

F: 세월이 약이야.

[해설]

아픈 기억 따위를 잊는데는 시간이 필요하다는 표현을 'Время лечит.'이라고 한다. 시간이 다 치료해 준다는 뜻으로 러시아어는 사용하고 있다.

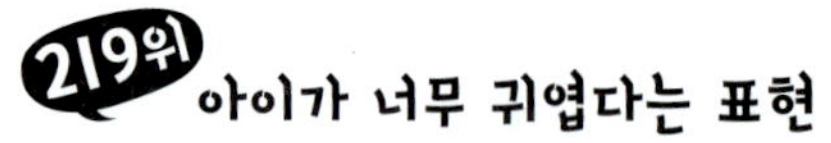

Так бы его́ и поти́скала.

M: Ви́дела сы́на Ми́ши? Пра́вда мила́шка?
F: То́чно, так бы его́ и поти́скала.

*мила́шка 귀여운 사람 *поти́скать 살짝 꼬집다, 안아주다

너무 깨물어주고 싶게 예뻐.

M: 미샤의 아들 봤어? 정말 사랑스럽지 않아?
F: 맞아, 꽉 깨물어 주고 싶을 정도로 예뻐.

[해설]

아이가 귀엽고 너무나도 예쁠 때 'Так бы его и потискала!'는 쓸 수 있는 표현이다.
потискать 동사는 너무나도 예뻐서 아이 볼을 꼬집거나 혹은 안아주다라는 의미이다.

그래! 좋아! 알았다!라는 여러가지 의미로

Дава́й!

M: Алло́? Мам, извини́, я неча́янно на тебя́ нажа́л.
F: Ну хорошо́, дава́й!

＊нажима́ть (키보드, 키패드 등을) 누르다

알겠어!

M: 여보세요? 엄마? 내가 실수로 전화 잘못 걸었네요
F: 아 그래, 알았다!

[해설]

러시아어에서 давай는 пожалуйста 못지않게 많은 의미로 사용을 하고 있다. 술자리에서 '마시자'라는 뜻으로도, 어떤 팀이나 사람을 응원 할 때에도, 무언가를 하자고 권유할 때에도, 모두 'Давай!'라는 표현을 사용할 수 있다.

221위	우리는 마음이 잘 맞아.
222위	완전 구제불능이야.
223위	정말 눈부시게 예뻐.
224위	그 여자는 성미가 까다로워.
225위	오늘 표정이 왜 그렇게 안 좋은거야?
226위	너 너무 기운없어 보인다.
227위	지난 일에 연연해하지 마.
228위	나 여기 단골이야.
229위	너 꽃단장하고 어디 가려는 거야?
230위	아직 초저녁이야.
231위	작업 일정이 바뀌는 대로 계속 연락주세요.
232위	소름이 쫙 끼쳤어요.
233위	비밀 지켜드릴게요.
234위	좋은 생각이 났어요.
235위	쟤는 어디가도 굶어 죽진 않겠다.
236위	다른 사람에게 떠넘기려고 하지 마.
237위	제발! (애절하게)
238위	내 눈에 흙이 들어가기 전엔 안돼!
239위	동전던지기로 결정하자. (제비뽑기)
240위	두고 보자.

221 Мы с тобо́й на одно́й волне́.

222 Он про́сто неисправи́мый.

223 Она́ про́сто ослепи́тельная краса́вица.

224 Хара́ктер у неё не из лёгких.

225 Ты что сего́дня тако́й?

226 Како́й-то ты вя́лый сего́дня.

227 Не на́до держа́ться за про́шлое.

228 Я постоя́нный посети́тель!

229 Куда́ э́то ты намы́лилась?

230 Ночь ещё молода́.

231 Свяжи́тесь со мной е́сли изме́ните план рабо́ты.

232 У меня́ мура́шки по ко́же пошли́.

233 Я сохраню́ твою́ та́йну.

234 У меня́ есть отли́чная иде́я.

235 Уж он-то не пропадёт.

236 Не перекла́дывай с больно́й головы́ на здоро́вую.

237 Умоля́ю!

238 То́лько че́рез мой труп!

239 Дава́й бро́сим моне́тку.

240 Поживём - уви́дим.

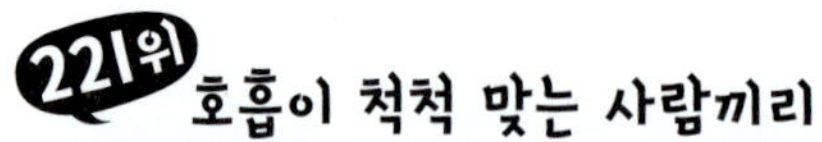

Мы с тобо́й на одно́й волне́.

F: Как ты узна́л, о чём я ду́маю?
M: Мы с тобо́й на одно́й волне́.

*волна́ 파도, 파장

우리는 마음이 잘 맞아.

F: 내 생각을 어떻게 알았어?
M: 우리는 마음이 잘 맞으니까.

[해설]

마음이 잘 맞는 사람들은 '같은 파도를 타고 있다'라는 의미로 'на одной волне'라고 한다. волна는 파도 이외에도 '파장(wave)'이라는 의미도 있다.

도움이나 충고 따위가 먹히지 않는 사람을

Он про́сто неисправи́мый.

F: Он про́сто неисправи́мый. Кля́лся, что не бу́дет бо́льше игра́ть в аза́ртные и́гры, а сейча́с игра́ет на ска́чках.
M: Не обраща́й внима́ния. Он игро́к по жи́зни.

*неисправи́мый 구제할 수 없는, 희망이 없는 *кля́сться 맹세하다
*аза́ртная игра́ 도박, 노름 *ска́чка 경마

완전 구제불능이야.

F: 그는 완전 구제불능이야. 도박에서 손을 뗀다고 맹세했는데 지금 경마게임하고 있네.
M: 그에게 신경 쓰지 마, 그는 타고난 노름꾼이야.

[해설]

도움이나 충고 따위가 먹히지 않는 사람을 'Он просто неисправимый.'라 한다. 러시아어도 한국어와 마찬가지로 구제할 수 없는 사람이라는 비슷한 의미를 가지고 있다. 악기를 연주하는 것은 игра́ть на + 전치격을 사용하고, 운동이나 게임 등을 하는 것은 игра́ть в + 대격을 사용하는 표현이다.

[дополни́тельные выраже́ния]
*골프를 치다 игра́ть в голф
*당구를 치다 игра́ть в бильярд
*눈싸움을 하다 игра́ть в снежки
*플룻을 연주하다 игра́ть на флейте

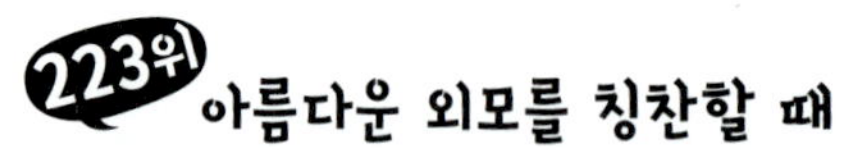

Она́ про́сто ослепи́тельная краса́вица.

M: Зна́ешь Ната́лью Водя́нову? Говоря́т, она́ ста́ла моде́лью.
F: Мы с ней из одно́го институ́та. Она́ про́сто ослепи́тельная краса́вица.

＊ослепи́тельный 눈이 부신, 눈을 뜰 수 없는　＊краса́вица 미녀

정말 눈부시게 예뻐.

M: 너 나탈리야 바쟈노바 알아? 이젠 그녀가 슈퍼모델이 됐대.
F: 그녀는 나랑 같은 대학나왔어. 그녀는 정말 눈부시게 예뻐.

[해설]

한국말과 마찬가지로 '눈부시게 예쁘다'라는 표현이 러시아어에서는 'Она просто ослепительная красавица.'이라 한다. 또한 윗 표현과 비슷하거나 좀 더 과한 표현으로 'чертовски красива'라고 한다.

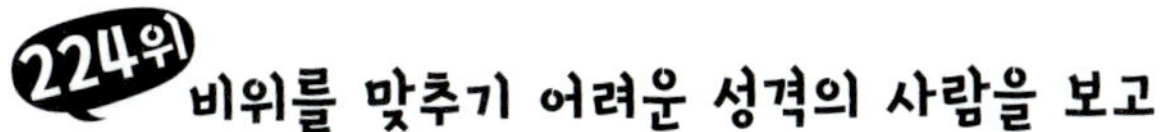

비위를 맞추기 어려운 성격의 사람을 보고

Хара́ктер у неё не из лёгких.

M: Ты её зна́ешь?

F: Зна́ю. Хара́ктер у неё не из лёгких.

＊лёгкий 가벼운, 쉬운

그 여자는 성미가 까다로워.

M: 그 여자알아?

F: 알지, 그 여자는 성미가 까다로워.

[해설]

비위를 맞추기 어려운 성격의 사람을 보고 'Хара́ктер у неё не из лёгких.'이라 한다.

 상대의 안 좋은 안색을 보고 염려할 때

Ты что сего́дня тако́й?

F: Ты что сего́дня тако́й?
M: Ты тут не причём. Я про́сто хочу́ побы́ть оди́н.

＊побы́ть 잠시있다

오늘 표정이 왜 그렇게 안 좋은거야?

F: 오늘 표정이 왜 그렇게 안 좋은거야?
M: 너랑 상관 없는 일이야, 나 혼자 있고 싶어.

[해설]

상대의 안 좋은 안색을 보고 염려할 때 'Ты что сего́дня такой?'이라 한다. один은 숫자 '1'이라는 뜻도 있지만, '혼자'라는 뜻으로도 사용한다.

[дополни́тельные выраже́ния]
＊고독, 외로움 одиночество
＊독신자, 미혼자 одинокий(ая)

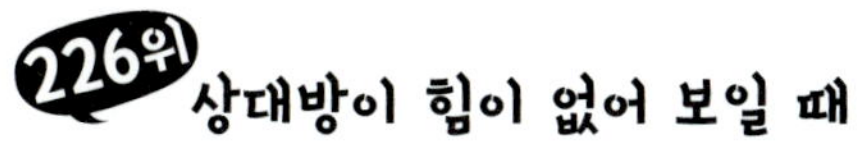

Какóй-то ты вя́лый сегóдня.

F: Какóй-то ты вя́лый сегóдня. Не спал нóчью?

M: Да, всю ночь с друзья́ми гуля́л.

*вя́лый 지친 축 처진   *гуля́ть 놀다

너 너무 기운없어 보인다.

F: 너 너무 기운없어 보인다. 어제 잠을 못 잔거 아니야?

M: 아니, 어젯밤 나 친구들이랑 밤새도록 놀았어.

[해설]

상대방이 힘이 없어 보이거나 지쳐 보이는 사람에게 하는 표현을 'Какой-то ты вялый сегодня.'이라 한다. гулять 동사는 '산책하다'라는 뜻으로 사전에 나와 있지만 실제로 특정하지 않은 무언가를 할 때 혹은 놀때 '놀다'라는 의미로 더 자주 쓰인다.

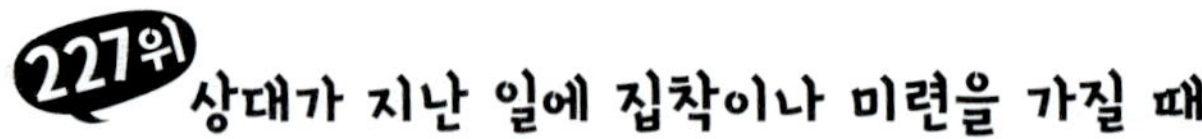

Не на́до держа́ться за про́шлое.

F: Не на́до держа́ться за про́шлое. Оно́ нева́жно.
M: Легко́ говори́ть, а ты предста́вь себя́ на моём ме́сте.

*держа́ться 움켜쥐다, 견디어내다 *предста́вить 상상하다, ~이다

지난 일에 연연해하지 마.

F: 지난 일에 연연해하지 마. 그게 그렇게 중요하진 않잖아.
M: 말하기는 쉽지. 네가 내 입장이 한 번 되어봐.

[해설]

상대가 지난 일에 집착이나 미련을 가질 때 'Не надо держаться за прошлое.'이라 한다. держаться 동사는 무언가를 움켜쥐고 있는 것을 의미한다. 과거의 것을 잡고 있다는 것은 '지난 일에 연연해 있는' 표현으로도 사용할 수 있다. 비슷한 표현으로는 'Не зацикливайся на этом.'이라고 하여 '이것에 너무 매달리지 마/집착하지 마'라는 뜻이다.

[дополни́тельные выраже́ния]

*의견을 고수하다 держаться мнения
*형식에 얽매이다 держаться формы
*기운내! Держись!
*정신차려! Очнись! Прийди в себя!

늘 이용하는 사람임을 강조할 때

Я постоя́нный посети́тель!

F: Извини́те, но мест нет.
M: Не мо́жет быть! Я постоя́нный посети́тель! Мы брони́ровали сто́лик.

*постоя́нный 고정의 *посети́тель 방문객, 고객 *брони́ровать 예약하다

나 여기 단골이야.

F: 손님, 죄송한데 만원입니다.
M: 이럴수가? 전 여기 단골이에요. 벌써 예약했는데요.

[해설]
항상 방문하는 사람, 즉 '단골'이지요? посетитель 대신에 쓸 수 있는 단어는 гость, клиент 등이 있다. 자신이 자주 가는 장소, 단골로 가는 장소는 любимое место, любимое кафе, любимый ресторан 등의 표현으로 활용하면 된다.

[дополни́тельные выраже́ния]
*예약확인 подтверждение бронирования

 어딘가 나가려고 꽃단장하는 모습을 보고

Куда́ э́то ты намы́лилась?

F1: Куда́ э́то ты намы́лилась? Я же тебя́ наказа́ла.
F2: Ну мам! Меня́ ребя́та уже́ ждут.

*намы́литься 비누칠하다 *наказа́ть 벌하다 *ребя́та 여러분, 친구들

너 꽃단장하고 어디 가려는 거야?

F1: 너 꽃단장하고 어디 가려는 거야? 내가 너 외출금지라고 했을텐데.
F2: 그래도 엄마! 친구들이 나 기다리고 있단 말이에요.

[해설]
어딘가 나가려고 꽃단장하는 모습을 보고 'Куда это ты намылилась?'라고 한다.
намылиться 동사의 뜻은 '비누칠 하다'라는 뜻이지만 러시아어 표현에서 꽃단장의 의미로
사용된다.

264

귀가하기에 너무 이른 시간이라 느낄 때

Ночь ещё молода́.

F: Пойдём домо́й, уже́ по́здно. На сего́дня хва́тит.
M: Эх, ты! Ночь ещё молода́, а ты уже́ домо́й собрала́сь?

*собра́ться домо́й 집에 갈 채비를 하다

아직 초저녁이야.

F: 집에가자, 너무 늦었어. 여기서 술 마실만큼 마셨잖아.
M: 너 정말 흥깬다! 아직 초저녁이야, 근데 벌써 헤어지자구?

[해설]

러시아의 수도인 모스크바의 경우 겨울은 밝은 날보다 컴컴한 날이 더 많다. 하지만 여름은 반대여서 해가 늦게진다. 혹시라도 빨리 가려는 사람에게 아직 밤이 깊지 않았어! 라고 말을 하려면 'Ночь ещё молода.'라고 한다.

Свяжи́тесь со мной е́сли изме́ните план рабо́ты.

F: Свяжи́тесь со мной е́сли изме́ните план рабо́ты.

M: Хорошо́. Я сообщу́ вам в слу́чае переме́н.

*связа́ться 연락하다 *измени́ть 바뀌다 *план 지도, 스케줄, 계획
*сообщи́ть 알리다 *в слу́чае + 생격 ~한 경우에

작업 일정이 바뀌는 대로 계속 연락주세요.

F: 작업 일정이 바뀌는 대로 계속 연락주세요.

M: 네, 알겠습니다. 변동사항이 생기는 대로 알려드릴게요.

[해설]

작업일정, 변동 사항등 통보를 원할 때 'Свяжитесь со мной если измените план работы.'이라 한다. 특히나 러시아와 일을 하다보면 일정이나 계획이 바뀌는 경우가 매우 많다. 그럴 때는 미리 연락을 해 달라고 이야기를 해둘 때 'Сообщите мне если измените план работы.'라고 말하면 된다. 이 뜻은 '변경 사항이 있으면 제게 미리 통지해 주세요.'이다.

[дополни́тельные выраже́ния]
*레이아웃(기계 설비등의) план размещения
*작업 스케줄 план работы

너무 무서운 것을 봤을 때

У меня́ мура́шки по ко́же пошли́.

F: Ты смотре́л фильм "Звоно́к"? Очень стра́шный.

M: Да, э́то же изве́стный фи́льм. У меня́ мура́шки по ко́же пошли́, пока́ я его́ смотре́л.

＊мура́шки (복수만 사용)소름 ＊ко́жа 피부, 가죽 ＊пока́ ～하는 동안

소름이 짝 끼쳤어요.

F: 영화〈링〉봤어? 너무 무섭더라.

M: 응, 그거 유명한 영화잖아. 나 그 영화 봤을 때 너무 무서워서 소름이 짝 끼쳤어.

[해설]

너무 무서운 것을 봤을 때 소름이 돋는다고 하는 표현을 'У меня мурашки по коже пошли.'라고 한다. 소름이 돋는다는 표현을 러시아어에서는 '작은 개미들이 피부 위로 기어가는 느낌'으로 표현을 하고 있다. 또 다른 표현으로는 'пошли' 대신 'побежали'를 사용하여도 된다. 거위 살결처럼 된다고 하여 추울 때 쓰는 표현으로 'гусиная кожа'라고 한다.

[дополни́тельные выраже́ния]

＊공포영화 фильм ужасов
＊코미디 комедия
＊멜로드라마 мелодрама

 비밀을 지키겠다는 다짐을 할 때

Я сохраню́ твою́ та́йну.

M: Это секре́т, никому́ не говори́.
F: Не волну́йся, я сохраню́ твою́ та́йну.

*та́йна 비밀, 미스터리 *волнова́ться 염려하다. 걱정하다
*сохрани́ть 보관하다. 간직하다

비밀 지켜드릴게요.

M: 이 비밀은 아무에게도 말하지 마.
F: 걱정마. 비밀 지켜줄게.

[해설]

비밀을 지키겠다는 다짐을 할 때 'Я сохраню твою тайну.'이라 한다. 러시아어로 직역을
하자면 '미스터리안에(속으로) 너의 비밀(기밀)을 보관할게'라는 뜻이다. 이와 비슷한 표현으로
는 'Я сохраню секрет в тайне.'이라고 할 수 있다.

 어떤 느낌이나 생각이 떠올랐을 때

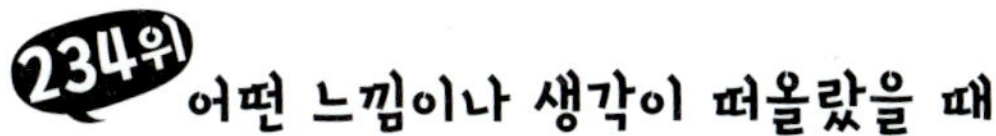

У меня́ есть отли́чная иде́я.

F: У меня́ есть отли́чная иде́я.
M: Говори́, мне уже́ интере́сно.

*отли́чный 훌륭한, 최고의 *иде́я 아이디어, 생각

좋은 생각이 났어요.

F: 좋은 생각이났어요.
M: 말해봐. 솔깃한데.

[해설]

어떤 느낌이나 생각이 떠올랐을 때 'У меня есть отличная идея.'이라 한다. отличный 는 훌륭한, 최고의 상태를 의미하며 건강, 기분, 서비스 등 다양한 단어와 결합하여 사용할 수 있다. 이 외에도 사용할 수 있는 단어는 'хороший'도 있다.

[дополни́тельные выраже́ния]
*최고의 건강상태 отличное здоровье
*최고의 기분 отличное настроение
*최상의 서비스 отличное обслуживание

Уж он-то не пропадёт.

F: После того, как умерли его родители, он нашёл подработку, чтобы не бросать учёбу.

M: Точно, уж он-то не пропадёт.

＊бросать 그만두다　＊подработка 아르바이트　＊пропасть 죽다

쟤는 어디가도 굶어 죽진 않겠다.

F: 그는 부모님이 돌아가신 후에, 학업을 계속하기 위해 알바를 구했대.

M: 맞아, 걘 정말 어디가도 굶어 죽진 않겠어.

[해설]

언제 어디에서나 적응이 뛰어난 사람을 보고 'Уж он-то не продаёт.'라고 한다. 러시아어나 한국어의 표현이 비슷한 데가 많다. пропасть 동사의 뜻은 '죽다' 이외에 '사라지다'라는 뜻도 있으니 알아두자.

Не переклáдывай с больнóй головы́ на здорóвую.

M: Это не тóлько моя́ винá. Другúе тóже виновáты.

F: Не переклáдывай с больнóй головы́ на здорóвую. Ты бóльше всех виновáт.

*переклáдывать 미루다, 떠 넘기다, 전가하다 *винá 잘못, 책임

*виновáт(а),(ы) 유죄의, 책임이 있는

다른 사람에게 떠넘기려고 하지 마.

M: 나에게만 책임이 있는 건 아니라고 봐. 모두에게 책임이 있다고.

F: 다른 사람에게 떠넘기려고 하지 마. 네가 한 실수가 가장 커.

[해설]

자기의 책임을 남에게 미루려 할 때 'Не перекладывай с больной головы на здоровую.'라고 한다. 한국어는 다른사람에게라고 표현하고 있지만 러시아어는 '아픈머리에서 건강한 머리로'라고 표현한다. 즉, 너의 잘못된 책임을 다른 사람에게 '덮어씌우지 마' 혹은 '전가하지 마'라는 의미로 사용한다.

Умоля́ю!

M: Помоги́ мне. В э́тот раз, я без тебя́ не спра́влюсь.
   Умоля́ю!

F: Не могу́, э́то не от меня́ зави́сит.

＊справля́ться 대처하다, 처리하다

제발!(애절하게)

M: 이번에 꼭 도와줘, 너도 나를 도와주지 않으면 난 죽어, 제발!

F: 일이 이미 이렇게 됐으니 나도 어쩔 수 없어.

[해설]

умоля́ть는 '애원하다, 빌다, 사정하다'라는 뜻이다. 영어는 주어+동사+목적어가 다 나와야 해서 동일한 표현을 I'm begging you!라고 말을 하지만, 러시아어는 동사가 모든 것을 다 말해주므로 그냥 умоля́ю 라고만 말하면 된다.

Только че́рез мой труп!

M: За́муж за него́?! То́лько че́рез мой труп!
F: Если не за него́, то я вообще́ не пойду́ за́муж.
Нас ничто́ не разлучи́т.

*за́муж за + 대격 시집가다 *труп 시체, 송장
*разлучи́ть 갈라놓다, 휘젓다. 분열시키다

내 눈에 흙이 들어가기 전엔 안돼!

M: 그랑 결혼하려고! 내 눈에 흙이 들어가기 전엔 안돼!
F: 그가 아니라면 나 시집안가. 어떤 것도 우리를 헤어지게 할 수 없어.

[해설]

한국에서는 절대로 허락할 수 없다는 표현을 '내 눈에 흙이 들어가기 전에는 안돼!'라고 표현하지만 러시아에서는 'То́лько че́рез мой труп! – 내 시체를 넘어가야지만 가능해!'라고 하여 절대 안된다는 표현이다.

 어떤 결정을 할 때 (게임의일종)

Дава́й бро́сим моне́тку.

M: У нас зако́нчилось вино́. Пойди́ купи́ па́ру буты́лок.
F: Почему́ всегда́ я? А ты, случа́йно, разо́к не хо́чешь сходи́ть? Дава́й бро́сим моне́тку.

*вино́ 와인 *буты́лка 병 *па́ра 쌍, 2개, 조금만 *случа́йно 우연히 *разо́к 1번
*сходи́ть 잠깐 다녀오다 *моне́тка 동전

동전 던지기로 결정하자. (제비뽑기)

M: 집에 와인이 다 떨어졌어. 네가 빨리 가서 몇 병 사와라.
F: 왜 맨날 나야? 너는 한 번도 안가? 이번에는 우리 동전 던지기로 결정하자.

[해설]
동전을 던지자라는 표현을 бросить 동사를 사용하여 'Давай бросим монетку.'라고 표현을 하고 있다. бросить 동사의 뜻은 다양하게 사용되는데 '던지다'는 의미 이외에도 '포기하다, 그만두다'라는 뜻이 있다. 동전 던지기 이외에도 러시아어는 '제비뽑기 – жребиий' 도 사용한다.

[дополни́тельные выраже́ния]
*금연하다 бросить курить
*학업을 그만두다 бросить учебу
*일을 그만두다 бросить работу
*주사위를 던지다, 제비를 뽑다 бросить жребий

Поживём - уви́дим.

F: Ты да́же ещё трениро́ваться не зако́нчил, а уже́ собира́ешься соревнова́ться?

M: Поживём - уви́дим. Я обяза́тельно вы́играю.

＊соревнова́ться 경쟁하다, 참가하다, 경기하다　＊вы́грать 이기다
＊трениро́ваться 훈련하다

두고 보자.

F: 훈련도 못 끝냈으면서 왜 이번 경기에 참가하니?

M: 두고 봐. 난 이번엔 꼭 이길거야.

[해설]

잊지않고 마음에 새겨 꼭 이루겠다 즉 '두고보자!'라는 표현을 '좀 더 시간이 지나고(살고) 다시 보자'라는 뜻으로 'Поживём - увидим.'이라고 한다.

[дополни́тельные выраже́ния]

＊이기다, 승리하다 победить
＊전승기념일(5월9일) день победы
＊패하다,게임에 지다 проиграть
＊패배자, 루저(looser) проигравший

241위	몸이 날아갈 것 같아. / 가뿐해.
242위	생각보다 별로인데.
243위	넌 내 발끝에도 못미쳐!
244위	이 싸가지 없는 녀석아!
245위	걱정 마!
246위	허파에 바람들었냐?
247위	옆에서 계속 떠들어댔어!
248위	뱃살 좀 빼고 싶어.
249위	기분 꿀꿀해.
250위	시간 못 지키는 사람 싫더라.
251위	너 삐쳤니?
252위	깜빡 잊었어.
253위	뭐라고 하는지 못 들었어.
254위	나 지금 통화 중이야.
255위	이건 내 스타일이 아니야.
256위	그녀는 그냥 사람 마음 가지고 노는 거야.
257위	어디서 많이 뵌 것 같은데요.
258위	뭐라고 감사를 드려야 할지 모르겠네요.
259위	일부러 그런 게 아니었어.
260위	이보다 더 좋을 순 없다.

241위 Чу́вствую необыча́йную лёгкость в те́ле.

242위 Ху́же, чем я ду́мала.

243위 Ты мне да́же и в подмётки не годи́шься!

244위 Ты грубия́н!

245위 Не па́рься!

246위 Тебе́ что, смеши́нка в рот попа́ла?

247위 Присе́л на́ уши.

248위 Хочу́ изба́виться от жи́ра на животе́.

249위 Настрое́ние ни к чёрту.

250위 Не люблю́ люде́й, кото́рые опа́здывают.

251위 Оби́делась?

252위 Ой, совсе́м из головы́ вы́летело.

253위 Я не услы́шал, что ты сказа́ла.

254위 Я сейча́с говорю́ по телефо́ну.

255위 Это не в моём сти́ле.

256위 Она́ про́сто с тобо́й игра́ет.

257위 Где́-то я вас уже́ ви́дел.

258위 Не зна́ю, как вас отблагодари́ть.

259위 Я не специа́льно.

260위 Лу́чше и быть не мо́жет.

241위 정신, 신체 건강 상태가 매우 양호할 때

Чу́вствую необыча́йную лёгкость в те́ле.

M: Хорошо́ отдохну́ла? Понра́вилось?

F: Чу́вствую необыча́йную лёгкость в те́ле. Всё-таки хорошо́ в отпу́ске!

＊отдохну́ть 휴식하다　＊о́тпуск 휴가　＊необыча́йный 놀랄만큼, 대단한
＊лёгкость 가벼움　＊те́ло 몸, 바디

몸이 날아갈 것 같아. / 가뿐해.

M: 휴가 잘 보냈어? 어땠어?

F: 몸이 날아갈 것 같아. 역시 휴가가 좋다!

[해설]
정신, 신체 건강 상태가 매우 양호할 때 'Чувствую необычайную лёгкость в теле.'
라고 한다. 마사지를 받고 난 후 혹은 휴가를 다녀 온 후 충분한 휴식 이후 이런 표현을 사용할
수 있다.

[дополни́тельные выраже́ния]
＊방학 каникулы
＊경축일, 공휴일 праздник

278

기대에 미치지 못 했을 때

Ху́же, чем я ду́мала.

M: Я получи́л се́мьдесят пять ба́ллов из ста по результа́там TORFL. Здо́рово, да?

F: Ра́зве? Ху́же, чем я ду́мала. Ты же вро́де говори́л, что, как ми́нимум, полу́чишь девяно́сто.

*здоро́во 양호한, 건강한 *балл 점수, 등급 *результа́т 결과
*вро́де как 마치, ~처럼, 흡사

생각보다 별로인데.

M: 토르플 시험에서 100점만점에 75점 받았어요. 양호하지 않아요?

F: 그래? 생각보다 별로인데... 네가 최소 90점은 받을 거라고 했었잖아.

[해설]

기대에 미치지 못 했을 때 ' Ху́же, чем я ду́мала.'이다. 이 표현의 경우는 거의 대부분의 상황에서 활용할 수 있는 표현이다.

[дополни́тельные выраже́ния]

불완료상과 완료상으로 뜻이 달라지는 경우
*시험을 통과하다(완) сдать экзамен
*시험을 응시하다(불완) сдавать экзамен

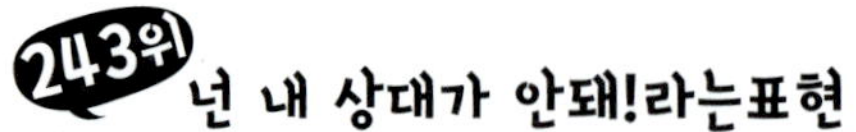

Ты мне да́же и в подмётки не годи́шься!

M1: Хо́чешь поруга́ться со мной?. Да пожа́луйста. Ты мне да́же и в подмётки не годи́шься!

M2: Поле́гче, ты ещё не зна́ешь на что я спосо́бен!

*поруга́ться с + 조격 ~와 싸우다, 언쟁하다   *подмётка 신발깔창

*годи́ться 쓸모있다, 적당하다

넌 내 발끝에도 못미쳐!

M1: 나랑 싸우려고? 됐어. 넌 내 발끝에도 못 미쳐!

M2: 워워. 진정하시지. 너 아직 내가 누군지 모르는구나.

[해설]

'상대가 되지 않는다'는 표현을 러시아어로는 'Ты мне даже и в подмётки не годишься!'라고 한다. подмётка는 '신발 깔창'을 뜻하고 годиться는 '적합하다' '~에게 적당히 잘 맞다'라는 뜻이다. 직역을 해 보자면, '너는 내 신발 깔창에도 비할 바가 아니야'라는 뜻이 되어, '넌 내 발끝에도 못미쳐'라는 한국어와 비슷한 의미로 사용되고 있다.

버릇없는 행동을 하는 사람에게

Ты грубия́н!

M1: Дядь, ты что? Почему́ не продаёшь мне сигаре́ты?

M2: Ах ты грубия́н! Как э́то ты со взро́слыми разгова́риваешь?

*дядь 삼촌 *прода́ть 팔다 *сигаре́ты 담배 *грубия́н 버릇없는 사람, 망나니
*взро́слый 성인, 어른

이 싸가지 없는 녀석아!

M1: 아저씨 뭐야? 왜 내게 담배를 안팔아?

M2: 이런 싸가지 없는 녀석아! 어른한테 이런 말투는 뭐야?

[해설]

무례하게 굴거나 버릇없는 행동을 하는 사람을 'Ты грубиян!'이라 한다. 일반적으로 러시아
어는 존칭형이 있기에 젊은 사람이 처음 본 사람(어른)에게 'Дядь, ты'를 사용하지는 않는다.
당연히 러시아는 처음 보는 사람, 공공장소에서 서비스 제공자에게 기본적으로 ты가 아닌 вы
를 사용하는 것이 맞다.

245위 걱정하지 말라는 뜻으로 말할 때

Не парься!

M: Я все никáк не могý найти рабóту, мне так тяжелó.

F: Не парься! У тебя́ все полýчится.

*пáриться 사우나를 하다 *полýчиться 성공하다, 잘 풀리다

걱정 마!

M: 나 일자리를 찾을 수 없어서 너무 힘들어.

F: 걱정하지 마! 다 잘될거야!

[해설]

걱정하지 말라는 뜻으로 말할 때 'Не парься!'라고 한다. париться 동사는 러시아에서 사우나(баня)를 하다는 의미를 지닌 동사다. 사람들이 걱정을 하거나, 고민을 하는 것을 러시아에서 만화로 묘사할 때 머리 위에서 김이 나는 것으로 표현을 하곤 하는데, 이 점에서 착안을 하여 'Не парься!'라고 말을 하여 걱정하지 말라는 의미를 갖게 되었다고 한다. 'Don't worry, Be happy.'라고 하는 표현을 러시아어로 하면 'Не парься! Будь счастлив!'이다.

[дополни́тельные выраже́ния]

*일들이 잘 되다 наладиться

*끓이다 варить

*튀기다, 기름에 볶다 жарить

 웃음을 멈추지 못하고 실실웃어대는 사람에게

Тебе́ что, смеши́нка в рот попа́ла?

M: Тебе́ что, смеши́нка в рот попа́ла? Ты с чего́ так смеёшься?

F: Да, я вспо́мнила как друг вчера́ чётко упа́л.

*рот 입, 주둥이 *смеши́нка 엷은 웃음 *смея́ться 웃다
*вспо́минить(СВ) 기억해내다 *чётко 확실히, 제대로

허파에 바람들었냐?

M: 허파에 바람들었냐? 왜 이리 웃어대?
F: 어제 친구가 제대로 자빠진게 생각이 나서!

[해설]
웃음을 못 참고 계속 웃어대는 친구에게 'Смешинка в рот попала?'이라고 하여 '입안으로 웃음이 들어갔냐?'라고 한다. 예문에서 чётко라는 단어를 볼 수 있는데, 원래는 '확실하게'라는 뜻이 있지만, 여기서는 넘어진 동작을 강조하기 위해 사용되는 부사이다.

[дополни́тельные выраже́ния]
*허파 лёгкое
*심장 сердце
*간 печень

247위) 옆에서 계속 쫑알대거나 수다떠는 것을 표현할 때

Присе́л на́ уши.

F: Оле́г тако́й балту́н! Я уже́ уста́ла его́ слу́шать!

M: Ой, и не говори́! Он мне вчера́ то́же на́ уши присе́л.

*балту́н 수다쟁이 *присе́сть 옆에 앉다, 걸쳐앉다 *Ой, и не говори́! 말도 마!
*у́хо 귀 (복)у́ши

옆에서 계속 떠들어댔어!

F: 알렉은 말이 너무나 많아! 난 그의 이야기 듣는것에 지쳤어.

M: 말도 마! 어제 걔가 내 옆에서 떠들었잖아.

[해설]

러시아 속담에 옆에서 계속 쉬지 않고 쫑알대거나 수다떠는 것을 표현할 때 'На уши
присел.'라고 한다. 원래 사전적 의미에 따르면 'на ухо'라고 하면 '조용히, 비밀스럽게 말
을 하다'라는 뜻이지만 присесть 동사와 결합하여 'присесть на уши'라고 말을 하게 되
면 '옆에 앉아서 귀에다 대고 계속 뭐라고 수다떤다'라는 뜻으로 사용한다.

[дополни́тельные выраже́ния]
*귓속말로 이야기를 하다 говорить(шептать) на ухо
*이어폰 наушиник

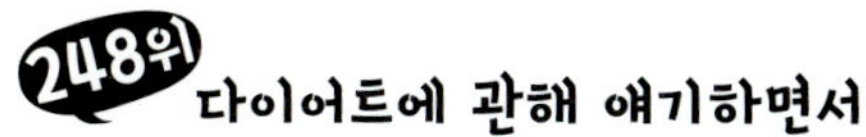 다이어트에 관해 얘기하면서

Хочу́ изба́виться от жи́ра на животе́.

F: Хочу́ изба́виться от жи́ра на животе́. Как э́то мо́жно сде́лать, до́ктор?

M: Для нача́ла вам придётся воздержа́ться от пи́ва.

＊изба́виться 제거하다, 없애다　＊жи́р 지방　＊живо́т 배
＊воздержа́ться 자제하다, 절제하다　＊пи́во 맥주

뱃살 좀 빼고 싶어.

F: 뱃살 좀 빼고 싶은데, 어떻게 하면 될까요, 의사 선생님?

M: 그렇다면 일단 맥주 마시는 것부터 자제해야 될겁니다.

[해설]

다이어트에 관해 얘기하면서 뱃살이 빼고 싶다고 말하고 싶다면 'Хочу избавиться от жира на животе.'라고 하면 된다.

[дополни́тельные выраже́ния]
＊칼로리가 높은 калори́йный
＊열량 калори́йность

285

Настрое́ние ни к чёрту.

F: Ты чего́? Что случи́лось?
M: **Настрое́ние ни к чёрту.** Нача́льник наора́л на меня́ за опозда́ние.

*наора́ть 고함치다, 호통치다   *опозда́ние 지각, 지연

기분 꿀꿀해.

F: 너 왜 이래? 무슨 일이 생겼어?
M: 기분이 완전 별로야. 오늘 상사가 지각했다고 혼냈거든.

[해설]

이 표현은 기분이 너무나도 좋지 않아 몹시 우울할 때 혹은 날씨가 좋지 않거나 마음이 가라앉을 때 'Настроение ни к чёрту.'라고 한다.

Не люблю́ люде́й, кото́рые опа́здывают.

M: Неда́вно пришло́сь це́лый час де́вушку ждать.

F: Не люблю́ люде́й, кото́рые опа́здывают.

＊опа́здывать 늦다

시간 못 지키는 사람 싫더라.

M: 요전 데이트 때 1시간이나 기다린거 있지.

F: 뭐! 난 시간 못 지키는 사람 싫더라.

[해설]

러시아인이나 한국인이나 약속시간 안지키는 사람은 있기 마련이다. 약속 시간을 어기는 사람에 대해 부정적으로 생각한다는 표현을 'Не люблю людей, которые опаздывают.' 이라고 한다.

Оби́делась?

M: Оби́делась? Извини́. Я не специа́льно так сказа́л.
F: Ещё раз так ска́жешь, смотри́ сам!

*оби́деться 삐치다, 토라지다   *специа́льно 일부러

너 삐쳤니?

M: 너 삐쳤니? 용서해 줘. 난 일부러 그렇게 말한 게 아니야.
F: 너 다음에도 또 그러면 가만 안 둘 줄 알아.

[해설]

러시아나 한국이나 '삐치다'라는 동사가 있는 것을 보면 참으로 많이 쓰이는 듯 싶다. 상대방이 성이 나서 토라져 있음을 물을 때 'Оби́делась?'라고 한다.

기억해 두어야 할 것을 한 순간 미처 생각하여 내지 못했을 때

Ой, совсе́м из головы́ вы́летело.

F: Ты почему́ так ра́но? Зашёл в апте́ку?
M: Ой, совсе́м из головы́ вы́летело.

*вы́лететь 날아가다 *зайти́ 잠시 들르다 *ра́но 이른

깜빡 잊었어.

F: 왜 이렇게 일찍 들어왔어? 약국엔 들렀어?
M: 아, 깜빡 잊었어.

[해설]

러시아 사람들은 '완전'이라는 단어, 혹은 표현에 강조의 느낌을 주기위해 'совсем, вообще' 등의 단어를 넣어서 표현하곤 한다. 여기서도 '깜빡'했다는 느낌을 표현하기 위해서 'совсем'이라는 단어를 사용하고 있어 문장의 의미를 좀 더 강조하는 역할로 사용되고 있다. 이와 비슷한 표현으로 '나 완전 잊고 있었어'는 'совсем забыл' 이다.

[дополни́тельные выраже́ния]
*도착(공항) прилёт
*출발(공항) вылет

 상대방의 말 등을 잘 안 들려서 혹은 주변 상황으로 인해 못 들었을 때

Я не услы́шал, что ты сказа́ла.

M: Из-за шу́ма строи́тельных рабо́т я не услы́шал, что ты сказа́ла.

F: Тогда́ слу́шай внима́тельно, я повторю́.

*шум 소음 *строи́тельный 건설의, 건축의 *внима́тельно 주의깊게
*повтори́ть 반복하다

뭐라고 하는지 못 들었어.

M: 공사 때문에 네가 뭐라고 하는지 못 들었어.

F: 그럼 내가 다시 말해줄게, 이번에 잘 들어.

[해설]

상대방의 말 등을 잘 안 들려서 혹은 주변 상황으로 인해 못 들었을 때 'Я не услышал, что ты сказал.'이라고 한다. 러시아어에서 동사 слышать와 слушать가 있다. 첫 번째 слышать 동사의 경우 소리가 나는 것을 의지와 상관없이 듣는 것을 말하는 것을 말한다. 두 번째 слушать는 소리를 의지와 노력으로 듣고자 하는 것을 말한다.

Я сейча́с говорю́ по телефо́ну.

F: Здра́вствуйте, есть кто?
M: Мину́точку, я сейча́с говорю́ по телефо́ну. Сади́тесь, я ско́ро бу́ду.

＊ско́ро 곧

나 지금 통화 중이야.

F: 안녕하세요. 누구 계세요?
M: 잠시만요. 지금 통화 중이에요. 일단 옆에 앉으세요. 금방 올게요.

[해설]

다른 사람과 통화 중일 때 '나 지금 통화중이야'라고 말하고 싶다면 'Я сейчас говорю по телефону.'라고 하지만 누군가에게 전화를 걸었지만 '지금 (전화가) 통화 중이야'라고 말하고 싶다면 'Сейчас занято.'라고 한다.

[дополни́тельные выраже́ния]

＊잠시만요. секунду, секундочку.
　　　　Минуту, минуточку.
　　　　Подождите немного.

Это не в моём сти́ле.

M: Ты хо́чешь, что́бы я оде́л костю́м? Ты же зна́ешь, что это не в моём сти́ле.

F: Ничего́ не поде́лаешь. Туда́ ну́жно идти́ в костю́ме.

*костю́м 양복, 정장 *оде́ть 입다

이건 내 스타일이 아니야.

M: 나보고 양복을 입으라고? 이건 내 스타일이 아니란 거 알잖아.

F: 근데 어쩔 수 없어. 이런 곳에서는 꼭 양복을 입어야 돼.

[해설]

자신의 스타일이 아니라는 것을 'не в моём стиле'이라고 한다. стиль은 영어의 style과 동일한 어원을 갖고 있다. 만약 스타일을 말하지 않고 사람의 취향을 알고자 할 때 '저 사람은 내 취향이 아니다'라고 말하고 싶다면 'вкус'라는 단어를 사용하여 'не в моём вкусе'라고 한다.

 친구가 좋아하는 사람의 마음을 얻지 못해 상심하고 있을 때

Она́ про́сто с тобо́й игра́ет.

M: Я за ней два ме́сяца уха́живал, а она́ на меня́ не обраща́ет никако́го внима́ния.

F: Спусти́сь с небе́с. Она́ про́сто с тобо́й игра́ет.

*уха́живать 따라다니다 *обраща́ть внима́ние 관심을 갖다(주다)
*не́бо(복-небеса́) 하늘

그녀는 그냥 사람 마음 가지고 노는 거야.

M: 나는 그 여자를 두 달 동안 쫓아 다녔는데. 걔는 여전히 무관심하더라.

F: 정신 차려, 그녀는 그냥 사람 마음 가지고 노는 거야.

[해설]

'마음을 가지고 논다'라는 표현에서 '마음'이라는 단어 없이 'Она́ про́сто с тобо́й игра́ет.'이라고 하여, '그냥 놀기만 한 것 뿐이야!'라고 말을 해도 러시아에서는 '그 여자가 너 마음 가지고 논거야'라는 의미로 사용할 수 있다.

 어딘가에서 본적이 있는 듯한 사람을 보았을 때

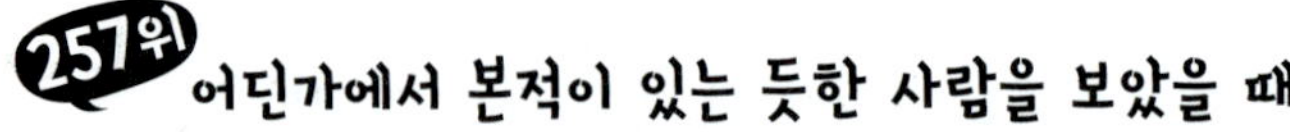

Гдé-то я вас ужé вúдел.

M: Гдé-то я вас ужé вúдел. Мы с вáми рáньше здесь не встречáлись?

F: Дýмаю, нет. Я впервы́е в Парúже.

＊рáньше 예전에　＊впервы́е 처음으로

어디서 많이 뵌 것 같은데요.

M: 어디서 많이 뵌 것 같은데요, 혹시 우리 전에 여기서 만나 본 적이 있어요?

F: 아닌 것 같아요, 저는 파리에 처음 왔거든요.

[해설]

어딘가에서 본 적이 있는 듯한 사람을 보았을 때 'Где-то я вас уже видел.'라고 한다. 한국어에서 '많이' 뵌거 같다는 의미의 '많이 봤다는 것'은 얼굴이 익다, 낯이 익다라는 뜻으로 사용하는 것처럼 러시아어의 부사 'уже'가 그런 의미로 사용된다.

 감사의 마음을 말로 표현하기 어려울 때

Не зна́ю, как вас отблагодари́ть.

F: Не зна́ю, как вас отблагодари́ть.

M: Не сто́ит благода́рности. Челове́к челове́ку — друг.

＊благодари́ть (동)감사하다　＊благода́рность (명)고마움, 감사

뭐라고 감사를 드려야 할지 모르겠네요.

F: 뭐라고 감사를 드려야 할지 모르겠네요.

M: 별 말씀을요. 서로 돕고 사는 거죠.

[해설]

감사의 마음을 말로 표현하기 어려울 때 'Не знаю, как вас отблагодарить.'라고 한다. 고맙다라는 표현이 저마다 다양하지만 спасибо는 '고맙다'라는 뜻이고 благодарить 는 '감사하다'라는 뜻이지만 좀 더 깊은 뜻으로 사용한다.

 일부러 하지 않았다고 말할 때

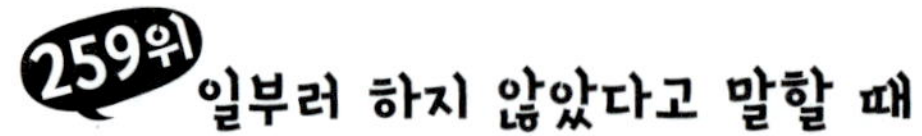

Я не специа́льно.

M: Ты э́то специа́льно у́тром мне подно́жку подста́вила?

F: Я не специа́льно. Случа́йно получи́лось.

＊специа́льно 일부러, 고의가 아닌　＊подно́жка (넘어뜨리려고) 다리는 거는 것, 발 디딤대

＊случа́йно 우연히

일부러 그런 게 아니었어.

M: 아침에 일부러 나한테 다리 건거지?

F: 일부러 그런 게 아니었어. 우연이었다구.

[해설]

일부러 하지 않았다고 말할 때 'Я не специально.'라고 한다. подставить 동사는 '놓다, 설정하다'라는 뜻이지만 'подставить подножку'가 되면 다리를 걸어 넘어뜨리다라는 뜻 으로 사용한다.

296

매우 만족스러운 결과 또는 결과물을 보고

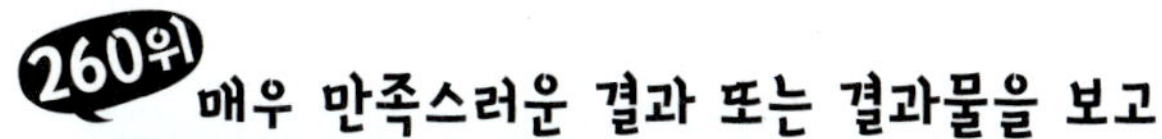

Лу́чше и быть не мо́жет.

F: Как вам э́тот план?
M: Лу́чше и быть не мо́жет.

*план 계획

이보다 더 좋을 순 없다.

F: 손님, 이런 일정은 마음에 드세요?
M: 네, 이보다 더 좋을 순 없어요.

[해설]

매우 만족스러운 결과 또는 결과물을 보고 '이보다 더 좋을 수는 없다!'는 'Лу́чше и быть не мо́жет.'라고 한다. 반대의 의미로는 'Ху́же не быва́ет.'이라고 하여, '이보다 더 나쁠 순 없어!'라고 말을 하면 된다.

261위 난 당신 타입이 아니에요.

262위 속도위반이래.

263위 성함을 제대로 못 들었네요.

264위 그 사람은 건방지게 굴어.

265위 뒤로는 호박씨 까는 녀석이야.

266위 너무 오버하지 마!

267위 짝사랑

268위 뭐 이런 놈이 다 있어!

269위 다 티난다.

270위 걘 너무 우직해.

271위 꿈지럭거리면 놔두고 갈꺼야.

272위 괜한 사람 잡지 마.

273위 좀 깎아 주시겠어요?

274위 당근이지.

275위 요점만 말해!

276위 완전 코딱지만큼

277위 너무 서두르지 마.

278위 짝퉁이야!

279위 연줄로, 낙하산으로!

280위 세상살이가 그렇게 쉽지만은 않아.

261위) Я же не в твоём вку́се.

262위) Она́ вы́шла за́муж по залёту.

263위) Я не рассы́шала ва́шего и́мени.

264위) Како́й на́глый.

265위) Он о́чень двули́чный.

266위) Не переборщи́!

267위) Безотве́тно

268위) Ну и тип!

269위) Очень заме́тно.

270위) Он о́чень простоду́шен.

271위) Бу́дешь ме́шкаться, уйду́ без тебя́.

272위) Оста́вь его́ в поко́е.

273위) Сде́лаете ски́дку?

274위) Коне́чно.

275위) Говори́ по существу́!

276위) Как кот напла́кал.

277위) Не торопи́сь ты так.

278위) Это подде́лка!

279위) По бла́ту!

280위) Не всё так про́сто в э́той жи́зни.

 데이트 신청을 거절할 때

Я же не в твоём вку́се.

M: Почему́ ты не хо́чешь быть мое́й де́вушкой?
F: Я же не в твоём вку́се. Ты смо́жешь найти́ и лу́чше меня́.

*вку́с 취향, 타입, 맛

난 당신 타입이 아니에요.

M: 왜 나랑 사귀고 싶지 않은 거야?
F: 난 당신 타입이 아니에요. 나보다 더 좋은 사람을 찾을 수 있을 거예요.

[해설]

데이트 신청을 거절할 때 '난 네가 싫어'라고 하기보다는 '당신이 좋아할 만한 타입이 아니에요' 라고 말할 때 'Я же не в твоём вкусе.'라고 한다. вкус의 뜻은 맛 혹은 풍미를 뜻하지만, 이성에 대하여 쓸 때는 '취향'이라는 뜻으로 사용할 수 있다.

[дополни́тельные выраже́ния]
* 취미는 싸움이 되지 않는다 о вкусах не спорят
* 취향도 가지가지 у всякого свой вкус
* 기호에 맞다, 마음에 들다 быть по вкусу

 혼전 임신인 커플에 대해 소곤대는 말

Она́ вы́шла за́муж по залёту.

M: Она́ вы́шла за́муж по залёту. Да ещё и разведёнка!
F: Да ты что?! Не ве́рится, она́ же ещё совсе́м молода́я!

＊по залёту 속도위반으로 임신하다.　＊вы́йти за́муж 결혼하다, 시집가다
＊разведёнка 이혼녀

속도위반이래.

M: 속도 위반으로 결혼하는 거래. 게다가 이혼녀!
F: 정말?! 저렇게 젊은데 믿을 수 없어!

[해설]

속도 위반으로 결혼을 하는 경우 'Она вышла замуж по залёту.'라고 한다. 한국에서는 속도위반이란 뜻이 결혼 전에 뜻하지 않게 임신이 되었다는 뜻으로 사용하는 것처럼 러시아어도 по залёту 표현이 따로 있다. 당연히 사전에는 나오지 않고 yandex나 구글에서 찾아보면 같은 의미로 풀이 되어 나온다.

[дополни́тельные выраже́ния]

＊이혼남 разведенец

Я не расслы́шала ва́шего и́мени.

F: Прости́те, я не расслы́шала ва́шего и́мени. Вас зову́т…

M: Ивано́в. Мы с ва́ми договори́лись встре́титься в э́ту пя́тницу. Де́ло в том, что у меня́ появи́лись непредви́денные обстоя́тельства. Мы не могли́ бы перенести́ на́шу встре́чу на сле́дующую неде́лю?

*договори́ться 약속하다 *де́ло в том, что 다름이 아니라 *появи́ться 나타나다
*непредви́денный 예기치 않은, 뜻밖에 *обстоя́тельство 상황, 사태

성함을 제대로 못 들었네요.

F: 죄송합니다만, 성함을 제대로 못 들었네요. 성함이...

M: 이바노프입니다. 우리가 이번 금요일에 만나기로 했죠. 그런데 제가 사정이 좀 생겼어요. 혹시 괜찮으시다면 다음주로 미룰 수 있을까요?

[해설]

러시아에서는 공식적인 자리에서는 반드시 부칭(отчество)를 포함하여 불러야 한다. 그 사람의 부칭을 물어볼 때는 'Как ваше отчество?'라 물어봐도 되지만, 공식적이지 않은 자리에서는 'Как тебя по батьке?'라고 물어봐도 러시아 사람들은 부칭을 이야기 해 줄 것이다. батька는 '아버지'라는 뜻이다.

 지나치게 주제 넘는 사람을 일컬어

Како́й на́глый.

F: Како́й на́глый! Ничего́ не бои́тся.
M: То́чно. Когда́-нибу́дь он за э́то попла́тится. Ничего́ не быва́ет про́сто так!

＊на́глый 뻔뻔한 염치없는　＊поплати́ться за (인생에서)～한 대가를 치르다

그 사람은 건방지게 굴어.

F: 그 사람은 건방지게 굴어! 무서운게 없더라.
M: 그러게. 손해 볼 날이 꼭 오게 될거야. 영원한 건 없거든.

[해설]

지나치게 주제 넘는 사람을 일컬어 'Какой наглый!'이라고 한다. 'наглость, наглый' 는 원래 '뻔뻔하고 무례한'이라는 뜻이지만 흔히 '건방진 태도를 갖다'라는 표현으로 사용한다. 너무나도 뻔하고 노골적인 거짓말을 'наглая ложь'라고 말하기도 한다.

Он о́чень двули́чный.

M1: Я бы на твоём ме́сте остерега́лся Алекса. Он о́чень двули́чный.

M2: Да ну? Неуже́ли он тако́й? На́до бы с ним поосторо́жней.

*остерега́ться 조심하다, 경계하다   *двули́чный 두 얼굴의
*осторо́жный (좀 더)신중한, 주의하는

뒤로는 호박씨 까는 녀석이야.

M1: 내가 너라면, 알렉스를 조심할거야. 그는 뒤로 호박씨 까더라.
M2: 설마! 걔 정말 그런 사람이야? 그럼 앞으로 조심해야겠다.

[해설]

안 그런 척 내숭을 떠는 사람을 보고 'Он очень двуличный.'이라 한다. 즉, 앞과 뒤, 겉과 속이 다른 사람을 '두 얼굴'을 가졌다고 하는 표현은 한국어 표현과 너무나도 비슷하다. 동일한 표현으로는 'лицемерный 얼굴을 바꾸는', 'двуликий 두얼굴의', 'неискренний 솔직하지 못한' 등이 있다.

지나치게 행동하지 말라고 당부할 때

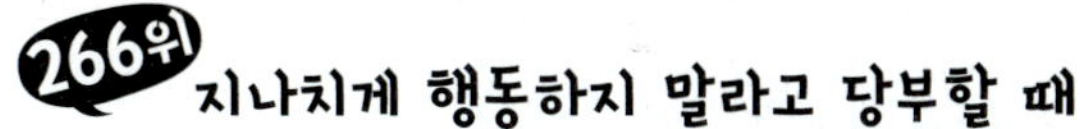

Не переборщи́!

M: Я хочу́ его́ о́тчита́ть. Совсе́м обнагле́л.
F: Да, не меша́ло бы, поговори́ с ним. Но не переборщи́!

*обнагле́ть 건방지게 행동하다

너무 오버하지 마!

M: 난 그에게 야단 좀 치려고해. 그는 너무 건방지더라.
F: 그것도 좋겠다, 너무 오버하지는 마!

[해설]

원래 구어적표현으로 사용하고 있는 'переборщить' 동사의 뜻은 '무언가의 수치를 넘어서다' 혹은 '너무 멀리 지나가다'라는 뜻으로 사용되고 있다. 따라서 너무 심하게 무언가를 하지 말라는 의미로도 사용할 수 있다.

누군가를 짝사랑 할 때

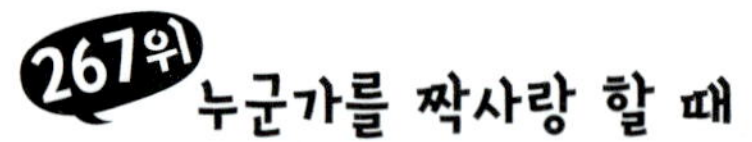

Безотве́тно

M: Мне так тяжело́. Я опя́ть влюби́лся безотве́тно.

F: Что, опя́ть? С ума сойти́!

*безотве́тно 답이 없는

짝사랑

M: 힘들다. 나 짝사랑이 시작이 되었어.

F: 또? 미치겠군!

[해설]

짝사랑이라고 하는 단어는 'безответная любовь'이다. 러시아어에서 짝사랑의 뜻은 답이 없는 사랑의 뜻으로 예문에서처럼 답이 없는 사랑에 빠지다!라고 표현한다.

 상식 밖에 행동을 하는 사람을 보고

Ну и тип!

M: Ну и тип! Дерётся в общéственном мéсте.
F: Ой, они́, ви́димо, пья́ные.

*пья́ный 술에 취한, 만취한 *общéственный 사회의, 공공의 *мéсто 장소
*драться (дерусь, дерёшься......) 싸움질하다

뭐 이런 놈이 다 있어!

M: 뭐 이런 놈이 다 있어! 공공장소에서 싸움을 하다니.
F: 어머, 그들이 술에 취했나 보다.

[해설]

상식 밖에 행동을 하는 사람을 보고 'Ну и тип!'라고 한다. 술만 먹으면 자기 행동을 절제하지 못하는 이상한 사람들이 한국 뿐 만이 아니라 러시아에도 많이 있다. 그런 사람들을 보면서 할 수 있는 말이기도 하다. 대부분 술을 먹으면 용감해지고, 겁이 없어지는 이런 사람들을 보고 러시아에서는 'Пьяному и море по колено.'라고 한다. 술 취한 사람들에게 바다는 무릎까지 밖에 안와라는 뜻으로 즉, '무서울게 아무것도 없다'는 뜻이다.

 어떤 태도나 기색을 전혀 감추지 못할 때

Óчень заме́тно.

M: Что, так ви́дно, когда́ мне кто́-то не нра́вится?
F: Да, о́чень заме́тно. Ты хоть постара́йся э́то скрыва́ть.

*заме́тно 눈에 띄게, 명백히, 뚜렷이 *скрыва́ть 숨기다, 은폐하다

다 티난다.

M: 내가 누구 싫어하는 거 그렇게 티나?
F: 그래, 다 티난다. 노력 좀 해야겠는걸.

[해설]

어떤 태도나 기색을 전혀 감추지 못할 때 'Óчень заметно.'라고 한다. 말 그대로 티가 나다 라는 단어로 사용이 된 이 단어는 어떤 상황에서도 다 활용 할 수 있는 단어이기도 하다. 예를 들면 '그녀는 눈에 띄게 날씬해졌다'라고 한다면 'Она заметно похудела.'이다.

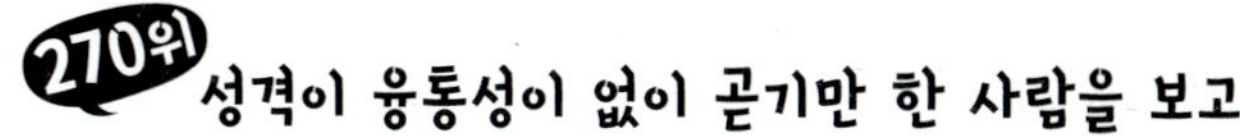

성격이 융통성이 없이 곧기만 한 사람을 보고

Он о́чень простоду́шен.

M: Он о́чень простоду́шен, да и слегка́ лени́в.
F: Это часть его́ обая́ния.

*простоду́шен(а) 우직한, 성격이 곧은, 수더분한 *лени́в(а) 게으른 *часть 부분, 파트
*обая́ние 매력

걘 너무 우직해.

M: 그는 너무 우직해. 가끔은 게으름 피워도 될텐데.
F: 그 점이 그의 매력이야.

[해설]
성격이 융통성이 없이 곧기만 한 사람을 보고 'Он очень простодушен.'이라 한다. 이와
반대의 뜻으로 약삭 빠른 사람, 여우 같은 사람은' хитрый'하다고 표현을 한다.

Бу́дешь ме́шкаться, уйду́ без тебя́.

M: Быстре́е! Бу́дешь ме́шкаться, уйду́ без тебя́.
F: Подожди́. Не броса́й меня́.

＊быстре́е(бы́стро) 빨리　＊ме́шкаться 꾸물거리다, 늑장부리다
＊подожда́ть 기다리다　＊броса́ть 버리다

꿈지럭거리면 놔두고 갈꺼야.

M: 빨리해! 꿈지럭거리면 놔두고 갈꺼야.
F: 기다려. 두고가지 마.

[해설]

мешкаться라는 동사는 '일을 오래 끌다' '꾸물거리다' '우물쭈물하다'라는 의미를 가지고 있다. 'Будешь мешкаться, уйду без тебя.'는 '너 자꾸 느릿느릿하게 하면 너 없이 갈거다'라는 뜻으로 사용한다. 유사한 표현으로는 'Будешь копаться, уйду без тебя.'라고 한다. '너 그렇게 삽질하고 있을거면, 난 갈거야!'라는 뜻이다. 이 표현은 한국남자들에게 쉽게 와 닿는 표현이지 않나 싶다.

 잘 알지도 못하면서 섣불리 나서지 말라고 할 때

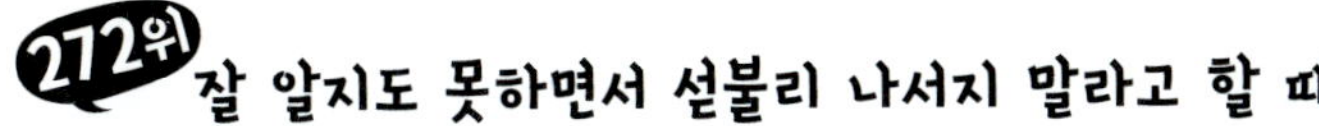

Оста́вь его́ в поко́е.

M: Ты что опя́ть завела́ пласти́нку о Же́не? Оста́вь его́ в поко́е.

F: Ты же и сам ви́дел как они́ вме́сте вы́шли.

*опя́ть 또 다시 *пласти́нка 평판, 레코드 *поко́й 평온

괜한 사람 잡지 마.

M: 넌 왜 또 줴냐 얘기를 하니? 괜한 사람 잡지 마.

F: 근데 너도 분명히 봤잖아. 걔네들 같이 나가는 거.

[해설]

상황에 따라서 많이 쓸 수 있는 표현 중 하나인 이 표현은 잘 알지도 못하면서 섣불리 나서지 말라고 할 때 'Оставь его в покое.'이라고 한다. '그 사람을 평온한 상태에 있게 둬'라는 말로, 괜히 시비걸고 트집잡지 말라, 즉 '괜한 사람 잡지 마'라는 뜻으로 사용한다.

273위 가격 할인을 원할 때

Сде́лаете ски́дку?

F: Сде́лаете ски́дку?

M: Извини́те, я не могу́. Это но́винка.

＊но́винка 신제품

좀 깎아 주시겠어요?

F: 좀 깎아 주시겠어요?

M: 죄송한데, 깎아 드릴 수 없어요. 이건 신상품이에요.

[해설]

러시아는 쇼핑하기 참 나쁜나라다. 그 이유는 거의 대부분이 수입제품이기 때문에 너무나도 비싸거나 사람들의 불친절함이 그 이유다. 판매하는 사람에게 깎아달라고 하면 붙잡고 깎아주기도 하지만 그냥 가라고 하는 사람도 의외로 많다. 그래도 시도해보는 것은 좋은 일이기에 가격할인을 원할 때 'Сде́лаете ски́дку?'이라고 해보자.

Коне́чно.

F: Тебе́ нра́вится э́та рабо́та?
M: Коне́чно. Что бы я тут всё э́то вре́мя де́лал.

*коне́чно 물론, 당연히

당근이지.

F: 넌 이 일을 좋아해?
M: 당근이지. 안 좋아하면 내가 왜 계속 여기 있나.

[해설]

коне́чно는 아주 많이 사용하는 단어이자 다양한 표현에서 쓸 수 있는 표현이다. '당연하지, 물론이죠, YES, 그럼요, 반드시'등의 여러가지 의미를 가지고 있다.

 너저분한 말은 생략하고 간단하게 듣고 싶을 때

Говори́ по существу́!

M: Не болта́й по́пусту, говори́ по существу́!

F: Хорошо́. Ка́жется, я не смогу́ вы́полнить своё обеща́ние.

*болта́ть 종알거리다, 수다떨다 *по́пусту 공연히, 부질없이 *существо́ 본질, 요점
*вы́полнить 이행하다, 이루다 *обеща́ние 약속

요점만 말해!

M: 헛소리 하지 말고 요점만 말해!

F: 좋아. 저번 약속 나 못 지킬 것 같아.

[해설]

너저분한 말은 생략하고 간단하게 듣고 싶을 때 'Говори по существу!'라고 한다. 러시아어에서 전치사 по는 정말 많은 뜻을 가지고 있는데 이 표현에서는 '~(으)로'라는 뜻으로 사용하였고 그 이외에도 ~때문에, ~을 따라, ~에 의하여, ~마다 등의 의미가 있다.

276위 매우 적음을 표현하는 말

Как кот напла́кал.

M: Ты что так ма́ло ешь? Прям как кот напла́кал.

F: Да нет, я же всегда́ сто́лько ем.

*ма́ло 조금   *есть (ем, ешь,....) 먹다   *напла́кать 많이 울다   *сто́лько ~한 만큼

완전 코딱지만큼

M: 너 왜 그리 조금 먹어? 완전 코딱지만큼 먹네.

F: 무슨, 난 항상 내가 먹을 만큼은 먹어.

[해설]

한국인은 무언가 너무 적은 양에 대해서 '코딱지 만큼'이라고 한다. 러시아의 경우는 'Как кот наплакал.'이라고 표현한다. 이 관용표현의 뜻은 '고양이가 눈물 흘리는 만큼'이라는 뜻이다. 소량의 의미로 부사가 아닌 'капелька – 물방울'로도 작은의 의미를 사용한다.

[дополни́тельные выраже́ния]

*게걸스럽게 먹다(비속어) жрать

*먹다 кушать, есть

*쑤셔넣다, 밀어넣다 запихивать

Не торопи́сь ты так.

F: Пойду́, а то опозда́ю.

M: Не торопи́сь ты так. Пое́шь и пойдёшь.

＊торопи́ться 서두르다

너무 서두르지 마.

F: 나 간다. 늦겠다.

M: 너무 서두르지 마. 그래도 뭣 좀 먹고 가라.

[해설]

무언가 일을 빨리 해치우려고 하거나 급하게 혹은 바삐 움직이지 말라고 할 때 'Не торопись ты так.'이라고 한다. 비슷한 표현으로는 'Не спеши!'라는 표현도 가능하다.

가짜, 모조품을 지칭하는 말

Это подде́лка!

M: Вау! Кака́я у тебя́ краси́вая су́мочка! Это пра́вда «Шане́ль»?

F: Да нет, это подде́лка.

∗су́мочка = су́мка 가방 ∗подде́лка 위조품, 모조품

짝퉁이야!

M: 와! 이 가방 예쁘네! 이 가방 진짜 샤넬이야?

F: 무슨 소리! 이거 짝퉁이야.

[해설]

명품 가방이나 의류를 복제한 가짜 상품을 подделка라고 표현을 한다. 이는 가전제품이나 다른 제품군에서는 사용을 할 수 없다. 불법복제판 CD나 DVD가 러시아에는 아주 많은데 이를 'пиратский(пиратское издание)'라고 한다. 우리나라에서도 불법 복사물을 '해적판'이라고 하는 것과 같은 표현이다.

[дополни́тельные выраже́ния]
∗배낭 рюкзак
∗서류가방 потрфель
∗여행용가방 чемодан

 어딜가나 있는 '낙하산' 인사에 대해 이야기를 할 때

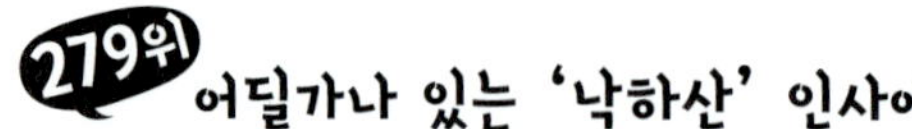

По бла́ту!

M: Ого́! Ты как э́то устро́илась в Самсу́нг? Ты же англи́йский вообще́ не зна́ешь! По бла́ту, наве́рное, да?

F: Нет, мне про́сто повезло́!

*устро́иться 정리되다. (생활, 거치, 직업) 안정되다 *повезти́ 운이 좋았어
*блат 나쁜 짓, 배후조종

연줄로, 낙하산으로!

M: 어!? 너 어떻게 영어도 못하면서 삼성에 들어갔어? 낙하산이지?

F: 아니야, 운이 좋았던거야!

[해설]

'блат'라고 하는 단어의 뜻은 도둑질, 나쁜짓이다. 더불어 '배후 조종'이라는 사전적 의미를 가지고 있다. 연줄이라는 뜻으로 현재는 많이 사용하며 구입하고자 하는 물건을 사지 못하고 연줄로 사게 된다면 이 표현을 사용할 수 있다.

[дополни́тельные выраже́ния]
*삼성 Самсунг
*현대 Хендай
*쌍용 Санг-Ён
*엘지 Элджи

Не всё так про́сто в э́той жи́зни.

M: Должно́ пронести́, как и в про́шлый раз.
F: Не всё так про́сто в э́той жи́зни.

*пронести́ 지나가다

세상살이가 그렇게 쉽지만은 않아.

M: 요전에도 어떻게든 됐으니까 이번에도 괜찮겠지.
F: 세상살이가 그렇게 쉽지만은 않아.

[해설]

세상을 살아가는 것이 호락 호락하지 않다는 표현할 때 'Не всё так просто в этой жизни.'라고 한다.

281위 Вы́слушай меня́ до конца́.

282위 Ну всё!

283위 Ёлки-па́лки!

284위 Отста́нь! Отвали́!

285위 Не тряси́ ного́й!

286위 Би́знес прогоре́л.

287위 Прики́нь!

288위 Не охо́та!

289위 Я тебя́ встре́чу.

290위 Это вам на чай.

291위 Здесь съёмка запрещена́.

292위 Ну ты и обжо́ра!

293위 Очень куса́ется.

294위 В са́мом разга́ре.

295위 Шпарга́лки

296위 Это уже́ про́шлый век.

297위 Ты не подбро́сишь меня́ до до́ма?

298위 Час пик

299위 Голова́ гуди́т.

300위 Мо́жно тебя́ ко́е о чём попроси́ть?

 내 말을 상대방이 다 듣지 않고 자를 때

Вы́слушай меня́ до конца́.

M: Вы́слушай меня́ до конца́, а пото́м говори́. Хорошо́?
F: Извини́, продолжа́й.

*вы́слушать 충분히 듣다, 경청하다 *продолжа́ть 계속하다

내 말 좀 끝까지 들어줘.

M: 내 말 좀 끝까지 듣고 난 다음에 네가 말하면 안 돼?
F: 미안해, 계속 말해.

[해설]

내 말을 상대방이 다 듣지 않고 자를 때 'Вы́слушай меня до конца.'라고 한다. 'Вы́слушай мой рассказ до конца.'에서 'рассказ-이야기'를 생략해도 문장상 어색하지 않기에 일반적으로 윗 표현을 많이 사용한다.

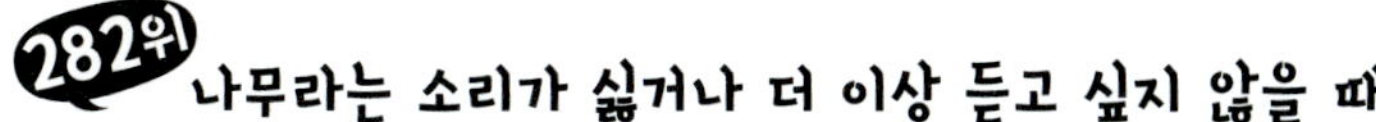

282위 나무라는 소리가 싫거나 더 이상 듣고 싶지 않을 때

Ну всё!

F: Да́же не ве́рится, что ты так мог поступи́ть.
M: Ну всё! Хва́тит уже́ меня́ обвиня́ть!

*ве́рится 믿기다 *обвиня́ть 나무라다, 비난하다

됐어! (이제 그만해!)

F: 네가 그런 일을 저질렀다는 게 믿기지가 않는다.
M: 됐어! 이제 그만 나무라라구!

[해설]

나무라는 소리가 싫거나 더 이상 듣고 싶지 않을 때 'Ну всё!'라고 한다. 윗 상황이 아니더라도 물품을 사고 난 후 '이제 됐다'라고 할 때에도 가능하고 다양한 상황에서 사용할 수 있는 표현이다.

Ёлки-па́лки!

M: Что э́то за звук тако́й? Опя́ть корбюра́тор полете́л что-ли?

F: Да, Ёлки-па́лки!

*звук 소리 *корбюра́тор 카뷰레터 *полете́ть 날아가다, 퍼지다

젠장!

M: 이게 무슨 소리야? 또 자동차 카뷰레터가 맛이 간거야?

F: 응, 젠장!

[해설]

카뷰레터는 자동차 엔진에 산소와 연료를 공급하는 장치다. 엔진이나 엔진 관련 부품이 '맛이 가다' '퍼지다'라는 표현을 할 때는 полететь 동사를 사용한다. 이런 일이 있거나, 무언가 일이 뜻대로 되지 않아서 기분이 나쁠 때, 러시아 사람은 'Ёлки-палки'라고 한다. 왜 이렇게 식당이름을 지었는지는 잘 모르겠지만 러시아를 가보면 'Ёлки-палки'라는 러시아 식당이 있다.

[дополни́тельные выраже́ния]
*엔진 двигатель *내연기관 двигатель внутренного сгорания
*휘발유 бензин *디젤 дизель
*엔진오일 моторное масло, смазка для двигателя
*자동차 부품 запчасти

Отста́нь! Отвали́!

M1: Мы же договори́лись в э́то вре́мя встре́титься. Ты что, ещё не гото́в? Что же ты весь день де́лал?

M2: Чего́ приста́л? Отста́нь! Отвали́!

*договори́ться 약속하다 *приста́ть 귀찮게 묻다, 졸라대다 *отста́ть 그만두다
*отвали́ть 다른 쪽으로 밀다

저리 가! 꺼져!

M1: 우리 그 시간에 보기로 약속했잖아. 왜 아직 준비도 안했어? 하루종일 뭐한거야?

M2: 너 질문이 왜 그렇게 많아? 저리 가! 꺼져!

[해설]

눈 앞에 안 보이게 사라져 달라고 강력하게 요구할 때 'Отстань! Отвали!'이라 한다. 이와 비슷한 표현으로 'Иди от сюда!'라고도 할 수 있다. отвалить 동사자체의 의미와 명령형 으로 사용하였을 때의 의미는 많이 다르니 조심해서 사용하자.

285위 상대방의 행위가 거슬릴 때

Не тряси́ ного́й!

F: Эй, не тряси́ ного́й, э́то отвлека́ет.

M: Ой, я что, опя́ть? Извини́.

*трясти́ 떨다 *отвлека́ть 방해하다, 산만하게 하다

다리 떨지 마.

F: 야, 다리 떨지 마, 신경쓰여.

M: 어, 또 하고 있었어? 미안.

[해설]

상대방이 다리를 떨고 있을 때 그 행위가 거슬릴 때 'Не тряси ногой.'이라 한다. трясти 동사의 뜻은 '배/수레' 혹은 '신체의 일부를 떤다'고 할 때 모두 다 사용할 수 있는 동사이다. 이 외에도 '마음이 흔들리다, 동요하다'라는 표현으로도 쓴다.

Бизнес прогоре́л.

M1: Ты чего́ так мно́го пьёшь в после́днее вре́мя? Что-то случи́лось?

M2: У меня́ би́знес прогоре́л. Жить не хо́чется.

＊в после́днее вре́мя 최근에 ＊прогоре́ть 불에 타다

사업이 망했어.

M1: 너 요새 왜 그리 술을 마셔대? 무슨일 있어?

M2: 사업이 망했어. 살 맛이 안 나.

[해설]

прогоре́ть 동사는 무언가가 불에 전부 타 없어지다는 의미와 동시에 '파산하다' '망하다'라는 의미를 가지고 있다.

[дополни́тельные выраже́ния]

＊썬텐하다 загоре́ть

＊화재로 불타다, 죽다 сгоре́ть

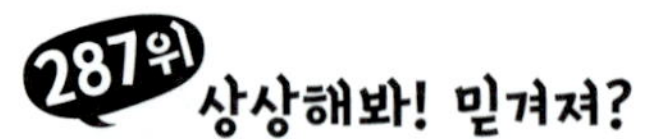

Прики́нь!

F: Прики́нь! Я вчера́ в ло́то вы́играла на тре́тьем ме́сте.
M: Ну, тогда́ проставля́йся!

＊проставля́ться 밥을 사주다

믿겨지냐?

F: 야! 믿겨져? 나 어제 로또 3등 당첨됐어!
M: 그래? 그럼 밥이나 사라!

[해설]

прикинь은 '상상해봐, 믿을 수 있어?'라는 의미를 가지고 있다. 비슷한 표현으로는 'представляешь?'라는 표현으로 '믿겨져?'라는 뜻이다. 또한 проставляться는 '밥을 사주다'라는 표현으로 구어적으로 사용되고 있다.

무언가가 별로 안 땡길 때

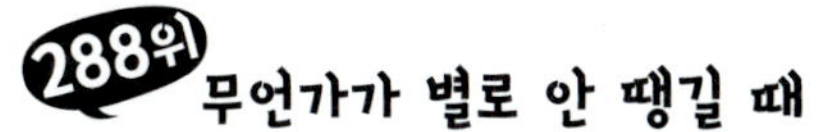

Не охо́та!

M: Блин, за́втра опя́ть на рабо́ту, так не охо́та.

F: Да потерпи́ ещё неде́льку, у тебя́ же ско́ро о́тпуск.

*потерпе́ть 참다 *о́тпуск 휴가

안 땡겨! 싫어!

M: 제길, 내일 또 일하러 가야해. 안 땡긴다.

F: 일주일만 좀 참아봐. 너 금방 휴가잖아.

[해설]

무언가를 하고 싶지 않을 때는 не охота + 동사원형의 형태로 사용하면 된다. охота의 '~하고 싶은'이라는 뜻과 부정소사의 'не'가 와서, '~하기 싫어!'라는 의미로 사용되고 있다. 이 표현이 옛날 사람들이 쓰는 표현같다고 하여, 동일한 의미로 'не кайф'를 사용하는 사람들도 매우 많다.

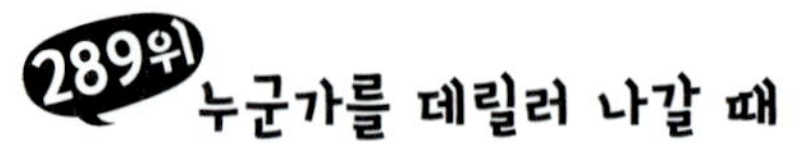

Я тебя́ встре́чу.

M: Ты поняла́, где э́то? Если нет, по прие́зду напиши́ мне, и я тебя́ встре́чу.
F: Спаси́бо. Ну, тогда́ до встре́чи.

*прие́зд 도착

마중 나갈게.

M: 위치 알겠어? 모르겠으면 근처 와서 문자메시지 해주면 내가 마중 나갈게.
F: 응, 고마워. 그럼 이따가 봐.

[해설]
누군가를 데릴러 나갈 때 'Я тебя встречу.'이라고 한다. 러시아어는 '마중간다'는 표현이 '내가 너를 만나러 갈게'라는 뜻으로 사용하고 있고 '마중가다'라는 한국어의 의미를 나타내는 단어는 없다.

[дополни́тельные выраже́ния]
*네비게이션 навигатор

Это вам на чай.

M: Вы не забра́ли ва́шу сда́чу.

F: Это вам на чай.

＊забра́ть 가져가다　＊сда́ча 거스름돈

그것은 팁입니다.

M: 손님, 거스름돈을 가져가지 않으셨습니다.

F: 그건 팁이에요.

[해설]

러시아도 팁을 주고 받는 문화라고 볼 수 있다. 미국처럼 무조건 줘야하는 나라는 아니지만 주는 것이 좋다. 팁을 줄 때, '그것은 당신의 차 값입니다'라고 말을 한다. 팁이라는 명사는 'чаевые'이라 한다.

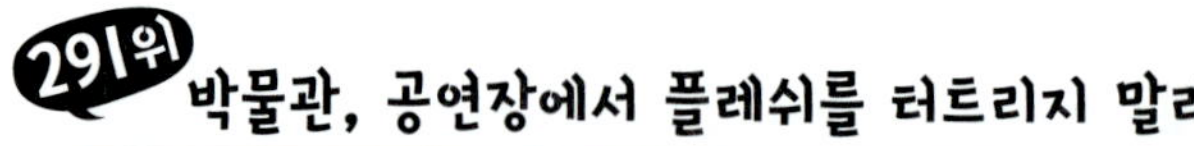

Здесь съёмка запрещенá.

M: Здесь съёмка запрещенá.
F: Извини́те.

*съёмка 촬영 *запрещёный 금지된

플래쉬를 사용하시면 안됩니다.

M: 여기서 플래쉬를 사용하시면 안됩니다.
F: 죄송합니다.

[해설]

съёмка는 사전적으로 촬영이라는 의미를 지니고 있는데, 플래쉬를 사용하지 말라는 의미로 공연장과 박물관에서 사용되고 있다. 러시아의 Эрмитаж박물관에 가서 함부로 플래쉬를 사용하면 박물관을 지키는 할머니께서 달려와서 주의를 주고, 혼내기도 하니 주의하도록 하자.

[дополни́тельные выраже́ния]
*갤러리 галерея
*콘서트 концерт
*전시회 выставка
*박물관 안내요원, 감시요원, 버스 요금 징수원 кондуктор

 식성 좋은 친구에게

Ну ты и обжо́ра!

F: Ну ты и обжо́ра! Опя́ть съел мой шокола́д!

M: Извини́. Я, наве́рное, ещё расту́, всё вре́мя хо́чется есть.

＊обжо́ра 대식가, 식충이　＊расти́ 자라다, 성장하다

먹보야!

F: 이 먹보야! 또 내 초콜렛 먹었지!

M: 미안 미안. 그치만 한참 클 때라서 금방 배가 고파진단 말야.

[해설]

식성 좋은 친한 친구에게 'Ну ты и обжора!'라고 한다. 하지만 뚱뚱한 사람이나 여자에게 한다면 삐칠 수 있으니 조심하자.

[дополни́тельные выраже́ния]

＊미식가 гурман

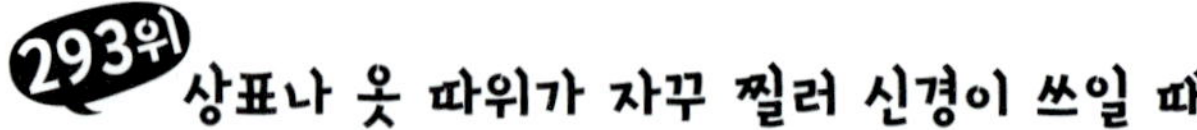

Очень куса́ется.

M: Этот дешёвый сви́тер о́чень куса́ется.
F: Замочи́ его́ в опола́скивателе.

*замочи́ть 물에 담그다　*опола́скиватель 섬유 유연제　*дешёвый 값이 싼
*сви́тер 스웨터　*куса́ться 물다, 깨물다

따끔따끔해.

M: 이 스웨터 싼거라 그런지 너무 따끔따끔해.
F: 섬유유연제에 충분히 담궈 놔.

[해설]

상표나 옷 따위가 자꾸 찔러 신경이 쓰일 때 'Свитер очень кусается.'라고 한다. 러시아 어에서 '따갑다'라는 표현을 '물다'라는 단어로 사용하고 있다. 이와 비슷한 표현으로 'Свитер очень колется.'이라고 하는데 이것 또한 동사의 뜻이 '찌르다, 콕콕 찌르다'라는 단어로 사용하고 있다.

В са́мом разга́ре.

F: Алло́? Ты что ещё не до́ма?
M: Мам, у нас сейча́с вечери́нка в са́мом разга́ре!
Часа́ че́рез два бу́ду.

＊вечери́нка 파티 ＊разга́р 절정, 최고조, 한창

지금이 한창때에요.

F: 여보세요? 너 왜 아직도 집에 안오니?
M: 엄마, 우리 지금 파티가 최고 절정이에요. 두시간정도 후에 들어갈게요.

[해설]

'В самом разгаре.'는 '한창중인' '한창 무르익은'이라는 뜻을 가지고 있다. 물론 파티뿐만 아니라 자동차의 최고속 기어라든지 영화의 절정인 클라이막스를 표현할 때에도 사용할 수 있다. 예를 들어 '여름이 절정이다!'라는 뜻으로 쓰려면 'Лето в самом разгаре.'라고 할 수 있으나, 겨울은 사용하지 않는다. 남녀에 대해서 '한창 때다'라는 표현이 하고 싶다면, 남자의 경우에는 'В самом рассвете сил.'라고 할 수 있으며, 여자에 대해서는 'самый сок'이라고 표현하면 된다.

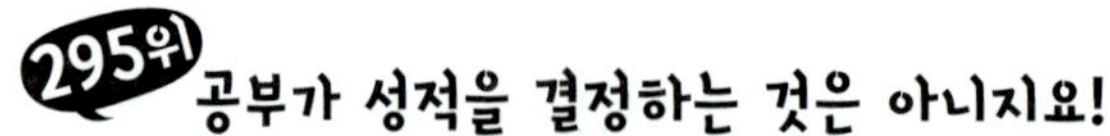

Шпарга́лки

F: Ты подгото́вился к экза́менам?

M: Да заче́м гото́виться, когда́ мо́жно шпарга́лки написа́ть?

*гото́виться к экза́менам 시험준비를 하다

컨닝페이퍼

F: 너 시험공부 다 했어?

M: 공부 할 필요가 뭐 있어 컨닝페이퍼 베껴쓰면 되는데?

[해설]

예전에 'шпаргалки'는 연설을 할 때 까먹는 것을 대비해서 간단하게 준비해 놓은 메모를 지칭하는 뜻을 가지고 있었다고 한다. 하지만 지금 현재 사용하고 있는 이 단어는 '학생들이 시험에 나올만한 내용을 적어서 시험장에 들어가서 베끼다'라고 정의를 내리고 있다. 속어로는 간단하게 줄여서 шпора라고 사용한다.

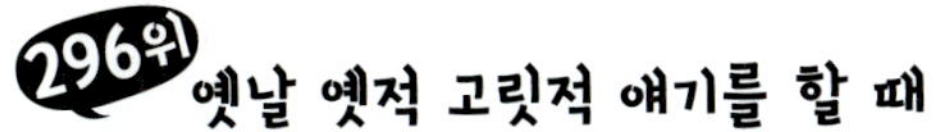

296위 옛날 옛적 고릿적 얘기를 할 때

Это уже́ про́шлый век.

M: Я вчера́ МР3-пле́йер купи́л.

F: Ты что! Это уже́ про́шлый век! Сейча́с все со смартфо́нами хо́дят!

*пле́йер 플레이어(player) *век 세기(100년) *про́шлый 지난, 이전이

옛날 옛적 이야기 하고 있네.

F: 나 어제 MP3 플레이어 샀다!

M: 옛날 옛적 이야기 하고 있네! 지금은 다들 스마트폰을 가지고 다니잖아!

[해설]

옛날 옛적 이야기를 하거나 이미 유행이 지난 이야기를 하고 있을 때 '이미 지난 세기의 것'이라는 뜻으로 'Это уже прошлый век.'라고 말한다.

337

Ты не подбро́сишь меня́ до до́ма?

F: Юра, ты не подбро́сишь меня́ до до́ма?
M: Нет, у меня́ вре́мени ма́ло. Я довезу́ тебя́ до метро́.

*подбро́сить 던져놓다, 태워다 주다 *довести́ ~까지 데려가다

나 집까지 좀 데려다주면 안돼?

F: 유라, 나 집까지 좀 데려다 주면 안돼?
M: 안돼. 나 시간이 없어서. 지하철 역까지만 데려다 줄게.

[해설]

집까지 바래다 달라고 말하고자 할 때 'Ты не подбросишь меня до дома?'라고 한다. довезти до + 목적지(생격)는 특정 장소까지 데려다 주겠다는 의미로 사용되고 있다. подбросить와 비슷한 표현으로 добросить가 있는데, 이는 어떤 목적지가 아닌 중간 지점정도에 '떨궈준다'라는 표현으로 사용하고 있다.

338

Час пик

M: Мы вы́ехали из до́ма в са́мый час пик. Поэ́тому простоя́ли в про́бке 4 часа́.

F: Я же говори́ла вам е́хать на метро́!

*вы́ехать 나오다, 출발하다 *про́бка 교통체증
*простоя́ть ～동안 서있다, 시간을 서서 허비하다

러시아워

M: 우리는 러시아워가 절정일 때 집에서 나왔어. 그리고 4시간동안 꼼짝없이 서 있었지.

F: 내가 너네들에게 지하철 타라고 말했잖아!

[해설]

час пик은 '러시아워'를 지칭하는 러시아단어이다. час는 시간, пик은 꼭대기를 의미한다. 따라서 자연스럽게 러시아워라는 의미를 지니게 되었다. 예문에서 유사한 의미로 등장하는 про́бка는 본래 와인병의 코르크 마개를 뜻하지만, 교통과 관련하여 사용할 때는 언제나 '교통체증'이라는 단어로 쓰이며, 러시아에서 про́бка라는 단어를 듣게 된다면 십중팔구 후자의 의미를 갖게 될 것이다. 러시아 포털 사이트 지도인 maps.yendex.ru에 접속을 해서 교통현황을 보고 싶다면 'про́бки'라는 단추를 누르면 된다.

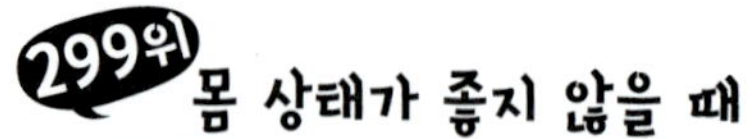

Голова́ гуди́т.

M: Голова́ гуди́т. Наве́рное, э́то от уста́лости.

F: Тогда́ ложи́сь спать пора́ньше сего́дня.

*гуде́ть 윙윙소리를 내다, 멍하다　*ложи́ться спать 잠자리에 들다

머리가 멍~해.

M: 머리가 멍~해. 피곤해서 그런가봐.

F: 그럼 오늘은 좀 일찍 자.

[해설]

몸 상태가 좋지 않을 때 머리가 멍하다고 할 때 'Голова гудит.'라고 표현한다. 이와 비슷한 표현으로 '어지럽다'라는 표현이 있는데 'Голова кружится.'라고 하면 된다.

Мо́жно тебя́ ко́е о чём попроси́ть?

M: Ма́ша, извини́, мо́жно тебя́ ко́е о чём попроси́ть?
F: Хорошо́, о чём?

∗попроси́ть 부탁하다

심부름 좀 해줄래?

M: 마샤~ 미안한데 잠깐 심부름 좀 해줄래?
F: 알았어. 뭔데?

[해설]
손윗사람이 손아래 사람에게 간단한 심부름을 부탁할 때 'Мо́жно тебя́ ко́е о чём попроси́ть?'이라 한다. 이 표현에는 '심부름'이란 단어는 없지만 일반적으로 이렇게 많이 사용한다.